죽음이

너에게서

무언가를 앗아갔다면

WHEN DEATH TAKES SOMETHING FROM YOU GIVE IT BACK:
Carl's Book
by Naja Marie Aidt

Copyright © Naja Marie Aidt & Gyldendal, 2017
First published in Danish by Gyldendal in 2017 as
Har døden taget noget fra dig så giv det tilbage. Carls bog
All rights reserved.

Korean translation edition is published by arrangement with
Rogers, Coleridge and White Ltd. through EYA Co., Ltd.

Korean Translation Copyright © Minumsa 2025

이 책의 한국어판 저작권은 EYA Co., Ltd를 통해
Rogers, Coleridge and White Ltd.와 독점 계약한 ㈜민음사에 있습니다.

저작권법에 의해 한국 내에서 보호를 받는 저작물이므로
무단 전재와 무단 복제를 금합니다.

죽음이
너에게서

무언가를 앗아갔다면

Har døden taget noget
fra dig så giv det tilbage:
Carls bog

나야 마리 아이트
Naja Marie Aidt

안미란 옮김

민음사

일러두기

1 원문에서 이탤릭체, 타자체, 대문자, 글자의 다양한 크기로 강조한 부분들은 한글 서체와 크기 및 굵기 변주로 원문의 정서를 최대한 그대로 옮기고자 했다.

2 원문에서 마침표가 생략된 문장은 원문에 따라 마침표를 생략했다.

차례

죽음이 너에게서
무언가를 앗아갔다면
11

감사의 말
161

옮긴이의 말
163

인용문들에 대한 설명
166

마르틴과 아이길,

그리고 우리 아이들에게 주는 책

그리고 더 높이 별이. 새로운 별. 비탄의 땅의 별.
탄식하는 이들이 천천히 그 이름을 부른다. ─ 여기를 봐,
기사. 지팡이. 그리고 더 큰 별자리.
열매의 화환. 그리고 더 멀리 북극 가까이에
요람, 길, 불타는 책, 인형, 창문.
하지만 남쪽 하늘에는 축복받은 손의 심중처럼 순수한
맑고 반짝이는 글자 'M',
그건 어머니를 뜻해……

― 라이너 마리아 릴케,「제10비가」

나는 잔을 들고 큰아들을 바라본다. 그의 임신 중인 아내와 딸아이는 위층에서 자고 있다. 밖에는 3월 밤이 맑고도 차다. "삶을 위하여!"라고 나는 말한다. 유리잔이 맑고 고운 소리를 내며 부딪힌다. 어머니는 개에게 무언가 말씀하신다. 그때 전화가 울린다. 우리는 받지 않는다. 대체 **토요일 저녁에 누가 우리에게 전화를 하겠는가?**

*

아들은 초록 재킷을 입었다. 나는 안다. 내 눈으로 봤으니까. 아들은 초록 숲으로 걸어 들어갔고, 옆에는 호랑이가 걷고 있었다.

아들은 숲으로 걸어 들어가며 눈을 들어 잎들을 바라보았다. 빛이 아들의 머리칼에 번득이고, 머리칼은 호랑이 털과 같은 빛깔이다. 그는 혼자 걸어간다. 자신이 왜 혼자인지 이해하지 못한다. 하지만 호랑이가 있다. 아들에게는 호랑이가 있었다. 손을 호랑이의 힘찬 등에 얹고 있고, 아무 걱정이 없어 보인다. 길이 휘어진다. 아들은 꺾인 길에 접어들어 눈에 보이지 않는다. 오솔길은 점점 더 깊이 숲속으로 이어진다. 아들은 숲속으로 사라졌다. 그는 걱정이 없었다. 그는 자신이 왜 혼자인지 몰랐다. 그의 옆에는 호랑이가 걷고 있었다.

*

한번은 임신 중에 내 안의 아이가 아기 호랑이인 꿈을 꾸었다. 장난기 넘치고 보드랍고 사랑스러운, 연갈색 눈에 금빛 털을 한. 갓 태어났을 때 네 모습이 그랬지.

*

너는 제왕절개로 태어났고, 나는 출산 후에 앓았다. 두통이 처절했는데 산부인과 병동 직원들은 내가 히스테리를 부린다고 생각했지. 나는 울면서 신음했어. 내 몸 안에 있기가 너무 힘들었거든. 너를 돌보는 것도 너무 힘들었어. 나는 너를 바퀴가 달린 투명한 플라스틱 요람에 누이고 복도를 따라 밀며 걷다가 정신을 잃었단다. 그러자 간호사가 불려왔는데 치유의 능력이 있는 사람이었어. 내게 따뜻한 기운을 뿜어내는 것 같았지. 그런 느낌이었어. 하지만 도움이 되지는 않았어. 결국 생리학 전문가에게 진료를 받게 되었지. 그 사람 말로는 허리에 마취 주사를 놓을 때 잘못되어 척수에 기포가 들어갔다는 거야. 그는 나를 엎드리게 하고는 내 팔다리와 등뼈를 맞추기 시작했어. 으드득 딱딱 소리가 났지. 마치 도축장의 동물 같았어. 나는 그냥 뼈와 살인 거지. 두통은 사라졌고 나는 퇴원했어. 코펜하겐의 국립 병원에서 있었던 일이야. 바깥은 몹시 추웠어. 나는 네가 추위를 못 견딜까 봐 걱정이 되었지. 집에 도착하자 너와 네 아버지는 잠이 들었어. 나는 좁디 좁은 부엌에 앉아 있었어. 저녁이었고 어두웠지. 옷을 찾아 입고 담배를 사러 나갔다. "나는 사람이야." 내가 생각했지. "나는 다시 나야. 내 몸 안에는 나 혼자야." 가게에 서 있는데, 점원이 내가 방금 아이를 낳은 줄 모르겠다는 생각이 들었어. 그건 내 비밀이었지. 기뻤어. 너는 내 비밀이었던 거야. 나는 스물다섯이었어. 점원에게 미소를 지어 보이고 눈 덮인 길을 따라 집으로 돌아왔지.

비밀:
1989년 11월 21일 오후 2시 32분 출생.
3.26킬로그램, 51센티미터.
너는 태어나자마자 배가 많이 고팠어.

아가

*

나는 일기에 적었다.

1989년 5월 1일 월요일. 맑음. 겨울이면 내가 다시 출산을 하게 되리라는 것을 알았다. 작은 겨울 아이. 네가 존재한다는 게 너무나 신기해. 아직 네가 느껴지지 않는다. 내 몸은 아직 네가 존재한다는 걸 이해하지 못한다.

만날 일이 너무나 기대가 된다

밖에는 3월 밤이 맑고도 차다

*

공포로 가득한 밤
공포로 가득가득한 밤
공포로 가득, 공포로 가득, 공포로 가득, 공포로 가득한 밤, 공포로

                  문장을 쓸 수가 없다

              내 언어는 모두 말라 버렸다

*

나는 잔을 들고 큰아들을 바라본다. 그의 임신 중인 아내와 딸아이는 위층에서 자고 있다. 딸은 막 세 살이 되었다. 밖에는 3월 밤이 맑고도 차다. 우리는 종일 함께 보냈다. 숲을 거닐고 아이와 놀았다. 아이는 재미난 말을 많이 했고, 많이 즐거워했다. 우리는 온갖 것에 대해 이야기했고, 이제 어머니의 거실에서 둥근 테이블에 앉아 있다. 유리잔이 부딪히는 소리가 듣기 좋게 울릴 때 "삶을 위하여!"라고 나는 말한다. 우리는 함께 식사를 마치고, 지금 포도주를 마시며 내 둘째 아들 이야기를 하고 있다. 아들이 마지막 인터뷰까지 가고도 덴마크 영화 학교에 들어가지 못한 이야기. 거기까지 간 것도 큰 성취였는데, 이제 그 실망을 극복하고 내년에 다시 도전할 것 같다는 이야기. 아직은 요리사 일을 즐거워하는 듯하다고. 여가 시간의 대부분은 영화 편집을 하며 보내고 있다고. 그 아이가 보고 싶다고. 나는 말한다. 보고 싶네. 오늘 밤 함께하지 못해서 많이 아쉬워. 내일 만날 게 정말 기다려져. 개가 짖는다. 나는 막내아들에 대해 이야기한다. 우리는 무슨 일인가로 웃는다. 어머니는 개에게 조용히 하라고 말한다. 전화가 울린다. 우리는 받지 않는다. 대체 토요일 저녁에 누가 우리에게 전화를 하겠는가.

은방울꽃, 하얀 장미,
검고 축축한 흙.
유리 종의 은은한 울림이 밤을 알린다

                           밤을

                *

프레데릭, 칼 에밀, 요한, 자카리아스.

아들이 넷이에요.

아들이 넷이세요?

네.

                        언어, 공허하고 속이 빈
                        백색 소음처럼 흰
                        하얀 밤.
                        신부의 면사포, 수의,
                        젖니, 모유

           나는 젖을 주었고 너는 실컷 마셨다

너는 이름이 있다

*

칼: (이전의 1.1 참고; 현재는 주로 방언에서)(소년이 아닌) 성인 남자; 특히 소년기는 지났지만 아직 결혼하지 않은 젊은 남자; 젊은이.
에밀: 남자 이름. '친절하다'는 뜻의 라틴어 단어 '아에밀리우스'에서 유래. 에밀이라는 이름은 로마의 성 아에밀리우스에서 기원했다. 이 성은 '부지런하다, 성실하다'라는 뜻의 라틴어 단어 '아에뮬루스'와 관련이 있는 것으로 추정된다.

칼 에밀.

친절한 젊은 남자.

친절한, 성실한 젊은 남자.

친절한, 성실한, 부지런한 젊은 남자.

처음에는 에밀이라고만 했지. 하지만 너는 너무나 어깨가 넓고 힘이 세어서 그걸로는 부족해 보였어.

내 친할아버지와 네 아버지의 친할아버지 이름을 따랐어.

네 형의 작은딸은 네 이름을 받았지: **에밀리에.**

네 형의 작은딸은 너를 닮았다.

그 아이는 별로 주목을 끌지 않아. 그리고:

네 미소는 잊을 수 없어(아름다운 형태):

네 형의 딸을 보면 네가 있어:

우리는 서로의 안에 있다.

너는 내 안에 있니?

그럼.

*

나는 일기에 적었다.
1994년 11월 8일.
칼 에밀은 많이 차분하고 조화로워졌다. 그림을 그리고 색칠하고 가면을 만들고 장난감 찰흙으로 무언가를 만드는 일에 놀랍게 집중한다. 글자와 단어를 쓰고 숫자를 더하고 돈을 모으기 시작했다. 친구들이 생겼고, 이 년 전처럼 수줍어하거나 말이 없지는 않다. 열정이 있는 아이, 아직 인형과 뽀뽀와 자기 침대를 좋아하는.

나는 네 손에 입을 맞추었고, 네 손은 너무나 차서 그 냉기가 내 얼굴, 머리, 두개골까지 퍼져 나갔어. 세상에 그만큼 찬 것이 없었다. 얼음도, 눈도. 마음의 상처도 네 손처럼 차지는 않았다. 내가 내 따뜻하고 살아 있는 입을 맞추었던 그 손.

나는 말했다. **아가야.**
너는 스물다섯이었다.
2015년 3월이었다.

그때는
그때는

네 젊은 몸이 관 안에
검고 축축한 흙

네가 존재하지 않는다는 게 너무나 이상해, 나는 여전히 너를 느끼는데

내 몸은 네가 존재하지 않는다는 걸 아직 이해하지 못한다

*

나는 일기에 적었다.
1989년 12월 4일.
꼬마가 도착했다! 귀여운 꼬마. 젖을 빨고 자는, 그냥 작은 동물이다. 조용한 아이지만 강인한 성격이라는 걸 알겠다. 아이는 아주 가끔만 **정말로** 이유가 있을 때 울고, 그럴 때면 우리가

알 수 있게 울음소리를 낸다. 하지만 노래하는 듯 지극히 감미로운 조그마한 소리도 낸다.

너에 대해 이렇게 말할 수 있어. 마치 노래하는 듯했다고.
나는 말할 수 있지. 너는 노래했다고.
나는 말할 수 있지. 너는 내 안에서 노래한다고.

너는 온기를 내뿜어 사람들을 사로잡았어. 감각적인 온기를 발산했지.

하지만 너는 또한 내성적이고, 외떨어지고, 숫기가 없었다.
하지만 너는 또한 기쁨으로 가득했다.
하지만 너는 또한 민감하고 감수성이 예민했다.
하지만 너는 또한 강했다.
하지만 너는 또한 호기심이 많았다.
하지만 너는 또한 깊이 뿌리를 박고 있었다.

네 안에는 분노가 별로 없었어.

네 안에는 내가 말로 표현할 수 없는 무언가가 있었다.
투명한, 너를 말없이 혼자 괴로워하게 만드는.
그리고 사랑 때문에 울 때면 너는 진심으로 고통스러웠다.

너는 별로 주목을 끌지 않았어

너는 빛났다.

너를 묘사해야 하는 지금 어떤 시각으로 바라보는지가 다소 난감한 문제가 된다. 나는 너를 나와의 관계 안에서, 내 한계와의 관계 안에서 보기 때문이야. 그 한계도 내 일부이니 나는 너를 정확하게 볼 수 없어. 불가능한 일이야. 하지만 나는 너를 분명하게 본다. 있는 그대로 보지 못할지라도. 나는 아무도 보지 못하는 부분을 보는지도 모르지. 한 사람에 대한 진실은 끊임없이 변하는 만화경 같을지도 몰라. 모든 관점이 모여 만화경 속의 거울이 되고, 그것이 바로 너지. 만화경을 가리키는 칼레이도스코프라는 말은 그리스어에서 왔는데 '아름다운 형태 관찰자' 정도로 옮길 수 있어. 아름다운 형태 관찰하기, 형태의 아름다운 관찰자 되기, 형태를 아름답게 관찰하기, 아름다운 관찰자에게 형태 부여하기. 나는 너를 본다. **너는 아름다운 형태다. 너는 아름다운 관찰자다. 나는 아름다운 관찰자에게 형태를 주었다. 그것이 너.**

*

네가 아홉 살 때 우리는 노르웨이의 프뢰야섬으로 여행을 갔어. 거기서 다시 페리를 타고 다도해의 바깥쪽 섬들을 찾아갔지. 다른 형제들 없이 우리 둘이서만 무언가를 하기는 그때가 처음이었어. 시간이 없었거든. 나는 네 모습을 사진에 담았단다. 너는 블루베리와 월귤 덩굴에 둘러싸여 땅에 누워 있어. 해가 빛나고, 네 눈도 빛나지. 아주 편안하고 행복해 보여. 눈부신 햇빛에 눈을 가늘게 뜨고 나를 바라보고 있어. 네 미소를 잊을 수 없어. 우리는 이름이 기억나지 않는 작은 섬, 작은 호텔의 한 침대에서 같이 잤어. 사진을 찍기 전날 밤에 말이지. 그날 저녁을 먹을 때 우리는 서로의 어린 시절에 대해 물었지. 마치 서로를 잘 모르는 사람들처럼. 마치 개인적인 대화를 나눌 기회가 한 번도 없었던 듯이. 시간이 없었거든. 우리는 서로를 알아 가려 노력하는 낯선 사람들 같았어. 하지만 매우 품위 있고 정중한 멋진 대화였어. 너는 내 어린 시절에 대해 물었고 나는 네 어린 시절에 대해 물었지. 너는 엄마 아빠의 이혼이 힘들었다고 말했고, 아버지가 그리웠다고 했어. 나도 잘 알고 있었지. 네가 그 말을 해 줄 수 있어 기뻤어. 너는 맞은편에 앉아 감자튀김을 먹고 있었어. 우리는 작은 항구가 보이는 야외에 앉아 있었고. 날은 추웠지만 우리 둘 다 야외가 더 좋겠다고 생각했어.

*

나는 일기에 적었다.
1998년 5월 20일.
칼 에밀은 여름 방학이 끝나고 나면 3학년이 된다. 좀 내성적이고 관심사가 별로 없다. 되도록 튀지 않으려는 나이 탓이리라고 생각한다. 시간이 좀 지나고 여유가 생기면 더 마음을 열겠지.

이름이 기억나지 않는 작은 섬의 작은 호텔에서 너는 열렸다. 블루베리 덩굴과 월귤 덩굴 속에서. 작은 항구가 보이는 곳에서. 너는 눈을 들어 나를 바라보았다.

*

나는 일기에 적었다.
1994년 11월 1일.
칼 에밀, 요아킴, 요한이 막 잠자리에 들었다.
갑자기 요아킴이 외친다. "우리 할머니가 나를 보고 있어. 할머니는 천사가 됐어!"
"할머니는 돌아가셨잖아." 요한이 말한다.
칼 에밀은 침대에서 일어나 앉는다. "나는 죽으면 화장되기 싫어. 묘지에 깊이 묻히고 싶어."
더 어린 두 아이는 조금 혼란스러워한다. 그러더니 요아킴이 말한다. "어…… 음…… 내가 늙으면 나는 구워지고 싶어." 아이는 아주 진지하다.
요한이 대답한다. "내가 늙으면 나는 데워지고 싶어. 응, 나는 그럴래."
그러고는 다들 누워서 잔다.

1994년이면 칼 에밀은 다섯 살, 요아킴은 네 살, 요한은 세 살이다.

요아킴: 네 사촌.
요한: 네 동생.

이제 막 네 살이 되었을 때 요한은 말했다. "영혼은 이렇게 둥글고 하얀 거야."

*

2007년 11월 21일에 칼은 열여덟 살이 되었고, 초대된 많은 손님들을 위해 직접 요리를 하겠다고 진지하게 말했다. 적어도 스물다섯 명이 함께 식사를 할 예정이었다. 칼은 아랍 음식을 준비하고 싶어 했다. 그때까지 식사 전체를 혼자 준비한 적이 없었다. 메뉴는 만만치 않았다. 나에게 도와주어도 괜찮다고 했다. 우리는 종일 부엌에 서서 일했고, 그 전날도 거의 하루 내내 그랬다. 수많은 요리를 만들었고, 나는 조수 역할을 했다. 손님들이 도착하기 직전 우리는 너무나 지쳐서 부엌 바닥에 누웠다. 우리는 웃기 시작했고, 멈출 수가 없었다. **너는 나를 바라보았고, 네 눈은 빛났지.** 우리는 파티 의상을 입은 채 그렇게 마룻바닥에 누워 웃었다. 마술 같은 순간이었다. **네 미소는 잊을 수 없어.** 우리는 일어났고, 칼은 손님들을 맞았다. 그날 저녁 칼은 자신의 재능을 발견했다. 요리를 할 수 있었다.
너는 요리를 할 수 있었다.

그리고 너는 실컷 먹었다

네가 스물다섯이 되었을 때 친할아버지가 너를 위해 인사말을 하셨다. 너와 요아킴과 네 친구 N은 오고 싶어 한 모든 사람을 위해 요리를 했지.

친할아버지는 인사말을 하며 이렇게 말씀하셨어.

오늘 칼은 스물다섯이 되었습니다. 스물다섯 살은 은메달 같은 거죠. 뭔가 반짝이며 빛나는 겁니다. 인생의 4분의 1이에요. 여기에 칼이 냄비와 향료를 들고 그리스 신처럼 서 있네요.

그날은 2014년 11월 21일이었다. 친할아버지는 일흔아홉이셨어. 네가 죽기 넉 달 전이었지.

*

나는 일기에 적었다.
2016년 2월 11일.
네가 구입한 모든 향신료가 아직도 내 찬장에 있고, 나는 그것들을 — 훈제 파프리카, 커리, 카엔페퍼 — 만질 때마다 네가 따뜻한 살아 있는 손가락으로 이걸 만진 지 얼마 안 되었다는 생각을 한다.

칼은 요리사 일을 즐거워했다

칼은 부엌에서 빠르게 일했다. **열정적으로, 부지런하게.**

*

나는 잔을 들고 큰아들을 바라본다. 그의 임신 중인 아내와 딸아이는 위층에서 자고 있다. 딸은 막 세 살이 되었다. 밖에는 3월 밤이 맑고도 차다. 우리는 종일 함께 보냈다. 숲을 거닐었고 아이와 놀았다. 아이는 재미난 말을 많이 했고, 많이 즐거워했다. 우리는 온갖 것에 대해 이야기했고, 이제 어머니의 거실에서 둥근 테이블에 앉아 있다. 유리잔이 부딪히는 소리가 듣기 좋게 울릴 때 "삶을 위하여!"라고 나는 말한다. 우리는 함께 식사를 마치고, 지금 포도주를 마시며 내 둘째 아들 이야기를 하고 있다. 아들이 마지막 인터뷰까지 가고도 덴마크 영화 학교에 들어가지 못한 이야기. 거기까지 간 것도 큰 성취였는데, 이제 그 실망을 극복하고 내년에 다시 도전할 것 같다는 이야기. 아직은 요리사 일을 즐거워하는 듯하다고. 여가 시간의 대부분은 영화 편집을 하며 보내고 있다고. 그 아이가 보고 싶다고. 나는 말한다. 보고 싶네. 오늘 밤 함께하지 못해서 많이 아쉬워. 내일 만날 게 정말 기다려져. 개가 짖는다. 나는 막내아들에 대해 이야기한다. 우리는 무슨 일인가로 웃는다. 어머니는 개에게 조용히 하라고 말한다. 전화가 울린다. 우리는 받지 않는다. 대체 토요일 저녁에 누가 우리에게 전화를 하겠는가?
그런데 우리 모두의 전화가 울린다.
여동생이다.
어머니가 전화를 받는다.
여동생의 비명이 들린다.

운명의 여신
운명의 여신
당신을 증오합니다

*

네가 죽기 두 달 사흘 전 나는 2015년 1월 13일에 네게 이렇게 썼다.

내 사랑, 안녕,

잘 지내니? 간밤에 네 꿈을 꾸었어. 네가 어디선가 떨어져 다치고 울더라. 꿈속에서 얼마나 놀랐는지 몰라. 울면서 잠에서 깨었어.

너는 바로 답신을 보냈지.

헤헤! 저는 잘 지내는데요. 지금 여기서 편집 중이에요. 좋은 영화가 될 거 같아요.

*

2015년 새해 첫날 우리는 부엌에 서 있다. 몇 년 전에 돌아가신 너희 증조할아버지 이야기를 하고 있었어. 아흔넷까지 사셨지. 너는 증조할아버지를 정말 좋아했고, 그분도 너를 아끼셨어.

네가 말했단다. "죽는 건 무섭지 않아요. 한 번도 무섭다고 생각한 적 없어요."
나는 말했어. "난 무서워. 내가 죽으면 화장으로 하고 싶어. 차가운 땅에 묻히고 싶지 않아."
네가 웃고는 말했지. "나는 땅에 묻히고 싶어요. 큰 시스템의 일부가 되고 싶어요. 저는 자연이 좋고, 그래서 그 일부가 되고 싶어요."
나는 웃었다.
나는 말했다. "넌 지금도 자연의 일부야."
나는 말했다. "어쨌든 고맙게도 나는 그 자리에 있지 않아도 되겠구나."

네 초록 재킷 주머니에서 나는 작은 책을 찾았다. 월트 휘트먼의 시집. 너희 증조할아버지가 아름답게 장정을 한, 금박이 박힌 양장본이었어. 할아버지 이름이 새겨져 있었지. 우리 어머니가 네게 주신 거야. 자연의 대기에 대해 휘트먼은 이렇게 썼다.

나는 그것을 사랑한다,
나는 숲이 있는 강가로 가서 가면을 벗고 맨몸이 되리니,
나를 만나게 되기를 간절히 바란다.
내가 내쉬는 입김,
메아리, 파동, 나지막한 속삭임, 숲속의 미나리, 비단실 가닥, 갈라지고 자라나는 덩굴 식물,
      나의 들숨과 날숨, 내 심장의 고동, 피의 흐름과 허파를 지나는 공기……

'나 자신의 노래'

> 밤낮으로 나와 함께 있으라 그러면 모든 시의 근원을
> 가지게 되리니

네 주머니에서 이 책을 발견했을 때 너는 이미 죽은 뒤였다. 2015년 3월이었지.

너는 내 안에서 노래하고 있다.

*

언젠가 너는 구불구불한 목련나무 가지 위에 앉아 있었어. 밀랍 같은 분홍빛 꽃 뒤에 숨어서. 나는 풀밭의 의자에 앉아 책을 읽고 있었고. 4월이었다. 네 숨소리, 나뭇잎 사이로 부는 바람 소리가 들렸어. 네가 말했단다. "나는 죽으면 외할머니의 목련나무 아래에 묻히고 싶어." 너는 네 살이었지.

이날 이 밤을 나와 함께 멈추어 세우자

이제 아무도 듣고 싶지 않아 하는 말을 들어야 하니

우리는 네 무덤 옆에 목련나무를 심었다. 장례식 때 네 옆에 있던 그 목련나무야. 사과나무도 네 그루 있었어. 외할머니의 목련 꽃잎이 네 관을 장식했지. 그리고 흰 라일락, 흰 장미, 작고

노란 자두나무 가지, 푸른 실라꽃. 물망초와 구즈베리 가지, 벚꽃과 은방울꽃 다발이 너와 함께 묻혔다. 나는 네 장례식에서 『나 자신의 노래』 일부를 낭독했어. 이 부분을 읽었지.

꾸벅꾸벅 졸고 물처럼 흐르는 나무들의 땅!
떠나간 일몰의 땅—꼭대기가 안개로 덮인 산들의 땅!
푸른빛으로 물든 보름달이 투명하게 쏟아지는 땅!
강의 물결이 빛과 암흑으로 얼룩진 땅!
투명한 회색 구름이 나를 위해서 밝고 맑아지는 땅!
팔꿈치처럼 휘어지는 땅—사과꽃이 흐드러지게 핀 땅!
네 연인이 오고 있으니 미소 지어라.

어떻게 이게 가능했을까? 가능했다. 나는 자리에서 일어났고, 펼쳐서 나온 페이지를 읽었다. **슬픔에는 힘이 있다**, 사람들은 그렇게 말했지만 거짓말이야. 돌처럼 굳어, 순전한 생존 본능으로, **제정신이 아닌 채** 광기의 형태지만 마음을 가다듬고. 창백하게, 죽은 채로.

*

아기였을 때 너는 오후에 목련나무 아래 요람에서 낮잠을 잤다. 초록 숲에서. 깨어나면 나뭇잎을 올려다보았지. 네가 옹알이를 했는데 **마치 노래하는 것처럼 들렸어**. 흔들리는 빛, 푸른 나뭇잎 사이로 빗발치는 빛.

나는 제정신이 아니다

*

너는 몇 년 전에 이렇게 썼구나.
날아라, 날아라, 날아라
세상을 밀어내지 말고
바람이 너를 들어 올리게 해
죽음, 죽음, 죽음
그리고 네 방을 정리하다가 공책을 발견했는데 나는 네가 글을 쓴다는 걸 그때까지 몰랐네, 그리고 그중 여럿이 죽음에 대한 시라는 걸 알게 되었고, 나는 **운명**이라 생각했고, **아니라고**, 젊을 때는 누구나 죽음에 대한 시를 쓴다고 생각했고, 그러고는 네 손에 마지막으로 입을 맞추었을 때처럼 나는 얼어붙었고, 추위로 몸이 떨렸고, 공책을 꽉 붙잡았고, 다리가 휘청하며 쓰러질 뻔했는데, 내가 너에 대해 모르는 게 너무 많았네, 너에 대해 아는 것도 많았는데, 그리고 너는 이렇게 썼지.
공상. 죽음은 합일일까?
죽음, 데스(death), 모르(mort), 메트(meth)
약한 자의 기계 속 칼날.
고통스러울까? 잠이 안 올까?
슬플까? 피곤할까?
새콤달콤한 열매를 즐겨라.
삶은 갑자기 끝난다, 그것을 기억해
지금 — 죽기 전에.

우리는 이제 아무도 듣고 싶어 하지 않는 말을 듣게 된다
이제 우리는 죽음, 데스, 모르, 메트에 대해 들을 것이다

(나는 간추려 정리한다. 머리에 불이 난다. 나는 적는다. 메모라고 하자.
메트는 히브리어로 죽음을 뜻하지
네가 히브리어를 아는 줄 몰랐다
네가 시를 읽는 줄 몰랐다
네가 시를 쓰는 줄 몰랐다
몰랐다)

너는 죽음으로 날아갔다

너는 맨몸이었다

네가 죽음으로 날아간

3월 14일 밤 11시 13분에

      하지만 그 전에 너는 살아 있었고 피어났다

2015년 3월 16일 오후 3시 45분 사망
몸무게 88킬로그램, 신장 196센티미터.

이미 사라진 태양을 기억하는 흰 꽃처럼 나는 내 침대에서 너에게 미소를 짓는다

*

2016년 3월 16일, 나는 이렇게 적었다.
그 아이가 세상을 떠난 지 이제 일 년이 되었다. 봄빛은 희미하고 섬세하다. 아침에는 공원에 산책을 갔다. 흰 안개가 잔디밭을 덮고 있었다. 새들이 울었다.

나는 일기에 적었다.
1996년 3월 30일.
아이는 생각이 많다. 세상 만물이 무엇으로 **되어 있는지** 궁금해한다. 금속과 플라스틱과 유리와 콘크리트와 석고 등등. <u>재료들</u>. 그리고 우주, 2차 세계 대전, 한스 크리스티안 안데르센의 동화, '옛날', 글쓰기, 수학, 카드 놀이, 마술, 건물에 대해서도. 이것저것을 <u>하고</u> 이것저것을 <u>만든다</u>. 특히 그림을 그리고 색칠하는 데 탁월한 소질을 보인다. 하지만 골판지 상자로 가면과 로봇 만들기, 구슬 꿰기, 찰흙 놀이, 종이 비행기 접기도 잘한다. 그리고 고집이 세지만 부지런하다. 마음에 들 때까지 계속한다.
즐거워하며.

너는 네 이름 그대로 살았다

부지런하게

친절하게

나는 나 자신을 주체할 수가 없다

언어가 불가능하다 언어는 내 아이와 함께 죽었다 예술적이기가 불가능하다 예술이 불가능하다 썩은 예술은 원하지 않는다 예술에 문장 구조에 구토한다 어린아이처럼 단문을 쓴다 다 해본다 내가 쓰는 모든 것은 선언 나는 글자를 혐오한다 더 이상 쓰기 싫다 불타는 혐오를 쓴다 내 분노는 방향도 없이 둔탁하다 나는 총알이 장전되어 있다 아무도 물렁물렁한 허접쓰레기를 가지고 가까이 오지 마

*

내가 처음으로 쓴 글에는 날짜가 없고, 읽기도 힘들다. 2015년 4월, 냅킨에 끄적였다. 나는 썼다.

목련이 있다
목련이 있다

땅 깊숙이 자양분을 빨아들인다

땅 깊숙이 자양분을 빨아들인다

나는 제일 먼저 네가 아니라 잉에르 크리스텐센의 『알파벳』에 나오는 시들이 생각났어. 그 시들이 들렸어. 마치 잉에르가 내 안에서 소리 내어 읽기라도 하듯 내 몸 안에서 울려 나왔지. 잉

에르의 목소리였어. 예술이 구토가 아니기는 그때가 처음이었어. 예술이 위안이 되었지. 내가 할 수 있는 일은 그 형태를 어색하게나마 반사하며 몇 마디를 끼워 넣는 거였어. 그나마도 제대로 반사할 수도 없었지.

그다음에 쓴 건 공책에 적은 몇 마디였어. 빈 책의 마지막 장에 이렇게 적었어.

오늘은 11월 9일 칼의 무덤에 반석을 박기 위해 구덩이를 팠고 나는 하루 종일 울었다

네 생일 십이 일 전이었어. 스물여섯이 되었을 텐데.

나는 일기에 적었다.
2015년 11월 21일.
묘지에서 너를 묻을 자리를 찾고 있었을 때 일식이 있었다. 네 생일인 오늘 우리가 네 무덤을 찾아갔을 때 눈보라가 일었다. 심장이 가슴에서 떨어져 나가는 듯 내가 너를 애도하고 있을 때 월식으로 붉고 검은 핏빛 달이 하늘에 떠올랐다. 올해 9월 27일이었다.

*

프랑스 시인 스테판 말라르메는 1879년 여덟 살 나이에 세상을 떠난 아들 아나톨에 대해 끝까지 책으로 쓰지 않았다. 쓰고자

했다. 하지만 쓸 수 없었다. 그는 202개의 짧은 글과 메모를 적었다. 그는 썼다.

2)
이제 이상화된 모습 말고는 —
더 이상 그를
살아 있는 모습으로 저기에서

다시는 볼 수 없고 —
다만 자기 안으로 다시 돌아간
그의 존재의 씨앗 —
그를 다시 생각할 수 있게,
그리고 그를 '그리고 그쪽을' 볼 수 있게 해 주는
씨앗만을

*

살아 있는 모습으로
나는 차마 너를 생각할 엄두를 내지 못한다
그것은 마치 살을 찌르는
칼날과 같기 때문에

프랑스 작가 자크 루보는 『검은 것』이라는 책에서 젊은 아내를 사별한 후의 시기에 대해 쓰고 있다. 1986년에 출간된 책이다. 그는 이렇게 썼다.

나는 기억에 나 자신을 맡기지 않는다. 나는 회상을 허용하지 않는다. 이들을 피할 곳이 없다.

*

첫 번째 꿈(2015년 5월 4일)
우리 가족이 다 모여 있다. 정원이 넓고, 여름이다. 돌아가신 조부모 네 분이 다 계시다. 이분들 꿈을 꾸기는 처음이다. 칼은 없다. 조부모님들이 나를 위로하러 오신 듯하지만 아무도 이유를 말하지 않고, 나도 안 한다.

두 번째 꿈(2015년 6월 5일)
칼이 보이는데 등을 돌린 채 아무것도 하지 않고 있다. 미동도 없이 가만히 앉아 창밖을 내다본다. 반쯤 돌린 얼굴에 아름답게 비치는 빛, 맨 등에 흘러내리는 머리카락.

세 번째 꿈(2015년 10월 20일)
내가 감옥에 갇힌 꿈을 꾼다. 겪어 보니 생각보다 나쁘지 않다. 정원으로 나갈 수도 있다. 하지만 창문과 문과 대문에 모두 창살이 있다.

네 번째 꿈(2015년 11월 26일)
간밤에는 아들이 계단실의 층계에 앉아 있었다. 큰 창을 통해 흰 빛살이 들어왔다.
"칼이니?" 내가 물었다. "너니? 돌아온 거야?"

"연애에 문제가 좀 있어요." 아들이 말했다. "꺼낼 게 있는데 집에 못 들어가겠어요. 열쇠가 없어요." 나는 옆에 앉아 손을 잡았다. 아이의 뺨을 쓰다듬었다. 칼의 피부는 따뜻했고, 그 아이는 내게 기댔다. 나는 아들을 안았다. 그는 조용하고 차분했다. 품위가 있었다. 초록 재킷을 입고 있었다.

다섯 번째 꿈 (2016년 1월 6일)
오늘 아침에는 우리 모두가 어떤 아파트에서 칼을 기다리는 꿈을 꾸었다. 밖에서 기다리고 있었는데 벤치와 폐차와 폐기물이 밖에 널린 낙후한 동네였다. 근처에 운동장이 있었고, 우리는 그 운동장에서도 기다렸다. 우리는 아파트와 바깥을 계속 오가며 기다리고 또 기다렸다. 아파트에는 방이 둘이었다. 나는 도로를 향한 방에는 들어가 보지 않았다. 다른 사람들, 아들의 친구들과 요아킴과 요한도 있었다. 가끔 그들은 밖으로 나왔는데 병원에서 기다릴 때처럼 녹초가 되어 있었다.
칼은 모습을 보이지 않았다.

정원. 위로. 빛. 고요. 감옥.
정원. 빛. 사랑. 고요.
품위. 열쇠. 기다림.

        간밤에 네 꿈을
        꾸었다; 너는 떨어져
        다치고
        비명을 질렀지. 나는

정말 안타까웠다

*

나는 나에게
모질다
나 자신을
괴롭힌다
여기,
나 엄마야
내가 너에게
모질었니?
내가
너를
괴롭혔니?

애도는
망할
감옥이다

너에 대해 내가 모르는 게 너무나 많다. 네 방을 정리하다 네 별자리 점을 찾았다. 네 별점을 읽었지. **전갈자리. 양자리가 올라가고, 처녀자리에 달이 있다.** 그리고 이런 글을 읽었다.

당신이 태어난 시각의 별자리로 보면 당신 어머니에 대한 주관적인 이미지는 달콤쌉싸름합니다. 차갑고 통제된 모습입니다.

당신 어머니가 관대하고 마음이 넓고 자신을 자유롭게 내주는 것처럼 보였더라도 당신은 당신이 어딘가 귀찮은 존재이고, 따라서 환영받지 못하는 존재라는 느낌을 받게 됩니다.

이 사실은 당신에게 측량할 수도 없을 만큼 강한 영향을 미쳤습니다.

이것이 당신의 불안감, 자신감 부족의 원인입니다.

> 나는 비난으로 나 자신을
> 괴롭히고
> 내 몸을
> 바닥에 던지며
> 비명을 지른다
>
> 나는 점성술에 침을 뱉지만
> 나 자신을
> 비난으로 괴롭히고
> 내 몸을
> 바닥에 던지며
> 비명을 지른다

나는 억지로 네 별점을 읽는다 나 자신을 네 별점으로 괴롭힌다 너와 말하고 싶다 내 죄책감에 대해 너에게 묻고 싶다 너에게 내가 모질었니 너를 괴롭혔니 환영받지 못한다고 느꼈니 나는 미친 듯 방을 빙빙 돈다 나는 울부짖고 외친다 나는 너에게 말하고 싶다 너는 환영받지 못한 적이 결코 절대 없었노라고 하지만 죽음은 말없이 고요하다 이 세상 무엇도 그렇게 말이 없이 고요하지 않다 나는 혼자다 나는 지금은 죽은 무엇을 낳았던 내 몸을 혐오한다 네 안의 생명을 품지 못한 몸 나는 혼자다 나는 내 몸에 침을 뱉는다 나는 내 살을 증오하고 내 살에 칼을 꽂고 싶다 내 살을 벌하고 싶다

갑갑하고 참을 수 없는 죽음의 고요

너는 몇 년 전에 이렇게 썼지.

나는 문을 두드린다
      아무 소리가 없다
나는 외친다
      아무 소리가 없다
나는 비명을 지른다
      아무
      소리가 없다

어두운 담요가 덮인다

내 얼굴에

말라르메는 쓴다.

    말없는 아버지
        생각의 시작
    —

    오! 내가 품고 있는
끔찍한 비밀
        (이걸 어떻게 해야 하나
    —

    나는 그의 무덤의
        그림자가
           되겠지
알려지지 않은 —
    —

        그가
    죽으리라는 걸

말라르메의 아들은 아버지에게서 유전된 질병으로 세상을 떠났다. 말라르메가 죽은 아들에 대해 시집을 쓸 수 없었던 건 죄책감 때문이었는지도 모른다. 그의 짧은 글에는 죄책감이 속속들이 배어 있다.

죄책감

시간이 없었거든

나는 왜 시간을 내지 않았지?

그는 별로 주목을 끌지 않았다

*

전화를 건 사람은 여동생이다.
어머니가 전화를 받는다.
여동생의 비명이 들린다.
어머니의 얼굴에서 핏기가 사라진다. 말을 잃으셨다. 죽은 사람처럼 창백하다. 우리는 영문을 모른다. 뭐라고? 우리는 말한다. 뭐라고? 뭐야? 어머니는 내게 전화기를 건넨다. 어떤 남자가 말하고 있다. 나는 여동생인 줄 알았는데. 칼 말이야. 그가 말한다. 칼이 죽었어. 그는 말한다: 칼이 죽었어. 칼 말이야. 나는 말한다. 무슨 말이에요? 무슨 말을 하는 거예요? 나는 분노한다. 누구의 목소리인지 모르겠다. 나는 묻는다. 누구세요? 그는 말한다. 마르틴이야. 전남편. 그의 목소리는 냉랭하고 기계적이다. 큰아들은 울기 시작한다. 그가 일어서고, 의자가 넘어진다. 나는 외친다: **무슨 말을 하는 거야? 무슨 말이야?** 마르틴이 말한다: 국립 병원으로 바로 와야 해. 우리는 지금 국립 병원에 있어. 지금 바로 택시를 불러. 나는 말한다: 누가 국립 병원에 있어? 당신은 왜 거기 가 있고, 칼은 어디 있는 거야? 무슨 말이야? 마르틴은 말한다: 지금 와야 돼. 지금 국립 병원으로 와야 해, 택시를 불러. 무슨 일이에요? 큰아들이 외친다. 어떻게 된 거예요? 나는 울면서 묻는다. 그런데 무슨 일이야? 마르틴은 말한다: 칼 일이야.

창문에서 떨어졌어.

　　　　　　　　　　공포로 채워진 밤, 밤

　　　　　　　　　　　　　잔인하고 잔인한

앤 카슨은 오빠와 그의 죽음에 대해 『녹스』에서 이렇게 썼다. 녹스는 라틴어로 '밤'을 뜻한다.

나는 쓰러진다. 너는 쓰러진다. 나는 쓰러졌다. 쓰러지다, 중립적인 동사. 어찌 이리 무심한가.

　　　　　　　　　　　　*

때로 나는 하루 종일 집에 앉아 있는다 해가 뜨는 것을 본다 해가 지는 것을 본다 나는 어둠 속에 앉아 있다 나는 읽지 않는다 나는 쓰지 않는다 나는 음악을 듣지 않는다 나는 죽음과 담소라도 나누듯이 죽음에 대해 쓰는 사람들을 죽음을 그리는 사람들을 경멸한다 죽음은 우리 옆에서 걷고 있다 죽음은 실재한다 죽음은 캘리그라피가 아니고 웃기는 상상의 고통도 아니다 죽음은 실재한다 벽이다 나를 분노하게 한다 내 슬픔은 나를 증오로 가득 차 분노하게 한다 내 슬픔 안에 고립되었다는 데 나는 분노한다 나는 예술을 증오한다 나는 죽음에 대해 과거에 내가 썼던 모든 것을 증오한다 때로 나는 하루 종일 집에 앉아 있다 나는 어둠 속에 앉아 있다 나는 읽지 않는다 나는 쓰지 않는다 나는 음악을 듣지

않는다

말라르메는 쓴다.

    쓸쓸함과
    복수에의 갈망
    그가
    저항하려는 듯하면
    —

    어느 무엇도 '아무것도'
    하지 않으려는 욕구 —
    숭고한 목표 등등을
    놓치면서 —

     *

    그들은 아들을 뉘였다
    축축한 검은 흙에

    벚꽃과 은방울꽃이
    그의 가슴 위에서 썩는다

    아이들은
    흰 장미를 던진다

                                          관
                                          위로

                        *

전화가 울린다

누군가 비명을 지른다

            너의 아이

너의 아이   라고

사고라고

재앙   이라고

살포시 오르락내리락하는 호흡이

거기에서 멈춘다

            아이가

멈춘다

이 종말을 아는 우리는

낯선 이의 눈빛에 담긴

고통을 안다

                          상실은

                          공동체이다

                          죽음은

                          환영받지 못하고

                          무작위다

                      *

플라톤은 『파이돈』에서 소크라테스 삶의 마지막 날 이야기를 들려준다. 소크라테스는 사형 선고를 받고 그날 저녁에 독미나리로 죽음을 맞을 예정이었다. 『파이돈』은 소크라테스가 몇몇 친구와 학생들과 나눈 대화로 죽음이 무엇이며 내세의 삶이 무엇인지, 그리고 철학이 무엇인지를 다룬다.

소크라테스는 말한다.

인간에게 죽음이 닥치면 그에게서 죽을 수 있는 부분은 죽을 수 있지만 죽지 않는 부분은 죽음을 피해 손상되지 않고 무사히 분리되어 떠나간다.

그리고 또 말한다.

영혼은 교육과 훈련 외에는 저승으로 아무것도 가져가지 않는다. 그리고 이것들은 죽은 이들이 다음 세계로 여행을 시작할 바로 그때 그들에게 결정적으로 유익하거나 해악이 된다고 한다.

영혼이 죽음을 피하는 것이 철학적으로 어떻게 가능한지를 한참 설명한 후 소크라테스는 마지막으로 이런 말을 했다.

*

네 친구 B는 꿈에서 네 영혼이 온전한 모습을 보았다.
네 영혼은 육신이 더 이상 살 수 없음을 확인하자 육신을 떠났지.
그러니 네 영혼은 무슨 일이 일어났는지 이해할 수가 없었다.
그래서 혼란스러웠다.
그게 네 친구 B가 꾼 꿈이었어.
주술적인 꿈이었어.
꿈결의 여행이었지.
네 친구는 주술적인 꿈에서 네가 어디에 있는지 보여 달라고 간구했다.
너는 초록 숲에서 호랑이와 함께 걷고 있었어. 초록 재킷을 입고.

초록 숲에서 걷고 있던 건 네 영혼이었어.
그게 네 친구의 꿈이었다.

죽기 일주일 전에 너는 처음으로 주술적인 여행, 꿈결의 여행을 했어. 네 외할아버지가 이끌어 주셨지. 내가 십 대였을 때부터 우리 집안에서는 그런 식으로 여행을 하곤 했지. 우리 아버지가 1980년대에 그쪽에 관심이 많았거든. 무속은 여러 가지로 쓰일 수 있어. 우리는 특히 정신이나 몸의 치유를 위해 무속의 도움을 받았다. 네 형이 아직 어렸을 때 손에 사마귀가 덕지덕지 생긴 적이 있어. 할아버지는 사마귀를 없앨 수 있는 동물을 찾아 형을 도와주었단다. 바로 쥐였어. 꿈결의 여행을 하던 중에 네 형은 쥐 한 마리가 사마귀를 물어뜯는 걸 보았어. 다음날 아침에 손을 씻을 때 사마귀가 모두 세면대로 떨어졌단다.
네 친구 B는 몇 년 전에 무당이 되는 가르침을 받았다.
너를 임신했을 때 나는 네가 아기 호랑이인 걸 보았어.
네가 죽기 일주일 전 너는 처음으로 주술적인 여행을 했지.
그리고 너의 토템이 호랑이인 것을 보았다.

말라르메는 쓴다.

          2)
   전이 ─
      존재하는 방식의 변화
         그게 전부다

      네 몸이 지금
      얼마나 썩었을지
      생각한다
      얼마나 파괴되었을지
      얼마나 연약할지
      얼마나 죽었을지
      그는 땅에 누워
      썩고 있다

하지만 그 전에 너는 살아 있었고 피어났다

      나는 사라진 태양을
      기억한다

네가 죽을 때 너는 죽음을 생각하지 않았다. 네가 죽을 때 너는 죽을 생각을 하지 않았다.

그런데 정말 그랬을까? 정말일까?

      썩어 없어질 육신

나는 에밀리 디킨슨을 읽었다. 편지봉투 뒷면에 에밀리 디킨슨은 이렇게 적었다.

+ 누군가가
　죽었다 —
+ 그 사실의
　인식
+ 외로운
　곳 — 비밀의
　장소
+ 　　이를
　정면으로
　바라보다

비밀

*

나는 일기에 적었다.
2015년 11월 10일.
칼은 매우 생기가 있고 나와 매우 친밀하다. 칼은 마치 밀 이삭 같다. 바람에 흔들리는 이삭. 금빛이고, 강하고, 성숙한.

2015년 12월 9일
지난 11월 9일, 즉 내가 몇 마디라도 다시 글을 쓰기 시작한 그날 이후로 나는 그의 현존을 강렬하게 느낀다. 지난 몇 주일 동안은 그가 느껴지지 않았다. 아들은 어디에 있지? 아무 데도 없다. 질문은 내내 계속되지만 대답이 없다. 그를 잊을까 두렵다.

그의 육신의 느낌, 목소리, 웃음을 잊을까 싶어. 아들이 날마다 조금씩 내게서 사라질까 두렵다. 내 치유에 발맞춰 그가 사라질까 봐. 참을 수 없는 일이다. 동시에 내가 치유될 유일한 길일지 모른다.

나는 칼의 자그마한 팔을 느낄 수 있을까? 내가 젖을 먹일 때, 옆에서 잘 때, 손을 잡았을 때 그의 느낌을? 못 한다. 할 수 있다. 그리고 어른이 되어 손을 잡았을 때의 느낌. 하지만 그 느낌은 그가 병원에 누워 있을 때 그의 손을 잡았던 그 느낌으로 바뀌어 버린다. 나는 그의 손을 바라본다. 나는 성인이 된 그의 손에서 아이의 손을 본다. 멍이 들었다. 그는 스스로 상처를 입혔다. 나는 그의 따뜻한 피부를 쓰다듬었다.

간밤에 네 꿈을 꾸었어. 네가 어디선가 떨어져 다치고 울더라.

그리고 나는 적었다.
이제 나는 그의 존재를 느낄 수 있다. 그는 마치 큰 새 같다. 아니, 그의 현존은 묵직하고 강하다. 동시에 밝고 가볍다. 맞다, 가볍다. 그는 내 뒤에 서서 팔로 나를 감싼다. 그의 머리카락, 맨몸인 상체.

말라르메는 쓴다.

1)
무엇을 원하는가, 달콤하고

사랑스러운 모습이여 —
나에게 때때로
다가와 몸을
기울이는 — 마치 [내
눈물의] 비밀을 들으려는 듯 —
마치 네가 죽었다는 것을
알려 주려는 듯
— 그걸 몰랐어?
— 아니, 알고 싶지 않아

2)

말하지 않을 거야 —
아니면 네가 사라질 테니
그럼 나는 혼자 남아
울겠지 너를 위해, 나를 위해,
서로 섞여, 그리고
내 안의 아이를 위해 우는
너
미래의 남자
    너는 그가 되지
못하고 그에게는
생명도 기쁨도 없으리니.

나는 밖에서 바람을 맞을 때에야 너를 느꼈다.
이제 네가 거의 느껴지지 않는다.

내 울음이 너에게 네가 죽었다고 말해 주었는지도 모르지.
어쩌면 너는 이미 도착했을까.

      우리는 너에게 뱃삯으로 동전 하나를 주었다

      관 속의 네 젊은 몸

      우리는 말한다. 그는 이제 자연의 일부가 되었다
      고. 이 말이 위로라도 된다는 듯이

*

폴란드의 시인 얀 코하노프스키는 1580년에 『엘레지』를 썼다. 열아홉 편의 애가는 이 년 육 개월 된 막내딸 우르슐카를 잃은 슬픔을 다룬다. 폴란드 문학에서, 아니 동유럽 문학 전체에서 시인이 현실의 삶에 대해 글을 쓴 경우는 이전에 없었다. 시는 왕과 영웅과 신과 하느님의 영역이었다. 그런데 그는 자신의 아이, 그것도 딸에 대해 썼다……. 눈살을 찌푸리게 할 일이었다. 『엘레지』는 무시와 무관심의 대상이 되었다. 오늘날 코하노프스키는 폴란드 시문학의 창시자로 인정받는다.

어디에 있든 — 네가 만일 존재한다면 — 슬퍼하는 나를 위로해 주렴.
네가 우르슐카의 모습으로 내게 나타날 수 없다면
할 수 있는 방법으로 나를 위로해 주렴. 그래, 내게 나타나서

영으로, 그림자로, 아니면 두려운 꿈으로라도!

존재

1) (어떤 형태, 상태로) 실재함.

2) (특히 물질의 세계에) 실재하는 어떤 것.

잉에르 크리스텐센은 『나비 골짜기』에서 이렇게 쓴다.

누가 마법을 걸어 이 만남을 이끌어 냈을까
한 줄기 마음의 평화와 달콤한 거짓말
그리고 죽어 사라진 이들의 여름 환영으로?

내 귀는 멍멍한 울림 소리로 답한다:
그것은 나비의 날개에 앉아 그의 눈으로
너를 바라보는 죽음이라고.

변태

탈바꿈

....

나는 못 한다
쓸 수
없다

숨도 못 쉰다

나는 네가 죽기 직전에 쓴 메모를 발견했다. 이렇게 쓰여 있었지.

라그나르 캬르탄손. 「방문자들」 (2012)
생명, 외로움, 죽음의 공동체.
우리는 육신 안에서 외롭다.

나는 주위에 네 종이와 공책들이 널린 바닥에 앉아 있다. 네가 쓴 글씨에 둘러싸여 있다. 네가 본 영화 118편의 목록도 보이고, 그 118편에 대해 네가 적은 메모도 보인다. 뉴욕의 영화 학교에서 적은 메모도 보이고, 네가 편집한 영화들에 대한 메모도 보인다. 네가 쓴 시들도 보인다. 네 자그마한 수입과 소소한 지출의 기록도 보인다. 자전거 열쇠의 암호도 보인다. 2015년 11월과 12월에 편집해야 하는 것들에 관한 계획. 스케치 한 뭉치. 코펜하겐 영화 학교에 보낼 지원서의 초고 한 뭉치. 너는 이렇게 썼다.

저는 어릴 때부터 무언가를(흔히 실물을) 수집하는 것을 좋아했습니다. 그리고 언제나 이야기들을 사랑했습니다. 그래서 영화 편집을 시작하는 것이 아주 자연스럽게 느껴졌습니다. 날것인 재료가 형태를 갖추면서 정제된 편집본으로 발전하는 과정은 놀랍습니다. 작품은 퍼즐 조각들이 제자리를 찾듯이 매번 모습이 변하기 때문입니다.

시를 쓰는 것처럼.
불가능에 다가가는 것처럼, 너에 대해 쓴다는 불가능에.
작은 걸음들.

매번 모습이 변하기 때문입니다

퍼즐 조각들이 제자리를 찾듯이

'찾아가면서'가 아니라.

나는 너에 대해 말할 수 있다: 꼼꼼했다고.
나는 말할 수 있지: 철저했다고.
나는 장례식에서 말했다. **칼은 시적인 존재였습니다.**

*

나는 일기에 적었다.
칼 에밀의 학교 생활:
1997년 3월: 1학년. 글을 거의 깨쳤다. 여전히 그림을 정말 잘 그린다. 매우 외향적이고 분명 성격이 뚜렷하다. 대단히 사랑스럽고 호기심이 많다.

1997년 8월: 읽기를 전보다 더 잘한다. 산수도 아주 잘한다. 여전히 내향적이지만 전보다 훨씬 덜하다. 예민하고 강하고 재능이 많은 아이다. 그리고 **놀라운 기억력**을 가졌다……. 책임감이 있고 단정하고 예의 바르며, 신체적으로나 정신적으로나 활동적이다.

1997년 12월: 거의 술술 읽는다. 훨씬 더 잘한다. 잘 자라고 많이 컸다!

1998년 6월: 많이 읽는다. 펜싱을 배우는데 재능이 특출하다. 우아하다. 아버지와 매우 가깝다.

너에 대해서 내가 할 수 있는 말은 이거야: 너는 책을 많이 읽었어. 열렬한 독서가였지.
나는 말할 수 있어: 너는 잘 갖춰진 장서를 가지고 있었다.
나는 말할 수 있어: 네 생애의 마지막 해에 너는 주로 종교적인 글들을 읽었어. 코란, 성경, 토라를 읽었고 『삶과 죽음을 바라보는 티베트의 지혜』를 읽었지.

나는 말할 수 있어: 너는 아버지를 사랑했다.
나는 말할 수 있어: 너는 우리를 사랑했다.

여전히 네 사랑이 느껴져.

외향적

내향적

두 극 사이의 움직임

두 극 사이에 위치한 무엇

*

나는 일기에 적었다.
2016년 2월 9일.

조앤 디디온은 『푸른 밤』에서 딸의 물건들에 대해 썼다. 세상을 떠난 딸이 어릴 때 입었던 푸른 원피스, 그림과 사진들에 대해. 나는 아무것도 없다. 칼이 죽기 사흘 전, 우리는 덴마크에 보관 중인 우리 물건들이 모두 타 버렸다는 소식을 들었다. 창고가 다 타버렸다. 모든 것이. 내 책, 편지, 손으로 쓴 원고. 브루클린으로 이사했을 때 나는 몇 가지 물건만 가지고 갔다. 나는 내 기억을 고정할 무엇이, 내 회상을 도와줄 무엇이 없다. 칼의 어린 시절 사진이 없다. 그래서 잊어버릴까 걱정한다.

월귤과 블루베리 덤불 사이에서 찍은 칼의 사진도 탔다.

에밀리 디킨슨은 이렇게 쓴다.

  사실이란 건 모두
그저 꿈이다
  우리 뒤로
넘기고
  나면 —

칼은 내게 썼다. 엄마, 다 죽은 물건들일 뿐이에요.

날것인 재료가 형태를 갖춘다

*

아무것도 이해가 되지 않는다. 뭐라고? 우리는 말한다. 뭐라고? 뭐야? 어머니가 내게 전화기를 건넨다. 어떤 남자가 말하고 있다. 나는 여동생인 줄 알았는데. 칼 말이야. 그가 말한다. 칼이 죽었어. 그는 말한다: 칼이 죽었어. 칼 말이야. 나는 말한다. 무슨 말이에요? 무슨 말을 하는 거예요? 나는 분노한다. 누구의 목소리인지 모르겠다. 나는 묻는다. 누구세요? 그는 말한다. 마르틴이야. 전남편. 그의 목소리는 냉랭하고 기계적이다. 큰아들은 울기 시작한다. 그가 일어서고, 의자가 넘어진다. 나는 외친다: **무슨 말을 하는 거야? 무슨 말이야?** 마르틴은 말한다: 국립 병원으로 바로 와야 해. 우리는 지금 국립 병원에 있어. 지금 바로 택시를 불러. 나는 말한다: 누가 국립 병원에 있어? 당신은 왜 거기 가 있고, 칼은 어디 있는 거야? 무슨 말이야? 마르틴은 말한다: 지금 와야 돼. 지금 바로 국립 병원으로 와야 해, 택시를 불러. 무슨 일이에요? 큰아들이 외친다. 어떻게 된 거예요? 나는 울면서 묻는다. 그런데 무슨 일이야? 마르틴은 말한다: 칼 일이야.

창문에서 떨어졌어.

칼 일이야. 나는 울면서 어머니와 큰아들에게 외친다. 창문에서 떨어졌어. 죽었어. 당장 택시를 불러야 돼. 국립 병원으로 가야 돼. 전화기가 손에서 떨어진다. 나는 비명을 지르며 몸을 바닥으로 던지고, 큰아들도 마찬가지다. 우리는 동물들처럼 괴성을 지른다. 이미 일찍 잠자리에 든 아버지도 문간에 서 있다. 국립 병원에 가야 한다고 어머니가 말했나 보다. 가자. 아버지가 말한다. 어머니는 휴대 전화를 잊지 말라고 말한다. 우리는 차로 가고, 어머니는 다리를 휘청거리며 내 손을 잡는다. 큰아들은 아내, 딸과 함께 집에 있는다. 차가 출발한다. 자정이다. 나는 뒷자리에서 비명을 지르고 있다. 그리고 담배를 피운다. 어머니가 말한다. 자, 얘야, 자, 아가. 나는 뒷좌석에서 몸부림친다. 머리에 불이 나는 것 같다. 고속도로에는 다른 차가 없다. 아버지가 과속을 한다. 코펜하겐까지 한 시간이 걸린다. 뭐라고? 나는 생각한다. 이게 뭐지? 무슨 일이 벌어지고 있는 거지? 꿈을 꾸고 있는 느낌이다. 춥고 몸이 떨린다. 내 몸에서 생명이 빠져나가는 것 같다. 나는 다시 비명을 지르기 시작한다. 아주 깊고, 원초적인 상태에서 쏟아져 나오는 것 같다. 내 목소리가 아니다. 내 귀에 들리는 목소리에 나는 제정신을 잃고 겁에 질린다. 숨을 쉬기도 힘들다. 나는 다른 사람이 되었다.

*

C. S. 루이스는 『헤아려 본 슬픔』에서 이렇게 썼다.

애도가 두려움처럼 느껴지리라는 말은 아무도 내게 해 주지 않았다. 나는 두렵지 않지만 느낌은 흡사 두려울 때와도 같다.

몸 안에서 극심한 공포가 마치 간헐 온천처럼   독이 가득

한   물을 쏘아
올린다
                    깊은 근원에서
파충류의 뇌로

*

나는 향기제비꽃을 적는다, 나는 패모꽃을 적는다, 나는 네 갈색 눈을 적는다. 나는 설강화를 적는다, 나는 너를, 내 아름다운 아이를 적는다. 나는 수수께끼 같은 너, 작은 태양, 지표면 아래에 묻힌 내 아이를 적는다. 나는 푸른 밤하늘에 떠오르는 보름달을 적는다, 내 마음은 병들었고 내 슬픔은 희다.

*

나는 네가 쓴 글씨에 둘러싸여 바닥에 앉아 있다. 네가 평생 받은 모든 편지가 담긴 봉투에서 네 사진을 열다섯 장 찾았다. 네가 아홉 살 때 같이 노르웨이에 가서 이름이 기억나지 않는 그 섬을 방문했을때 찍은 사진도 있다. 나는 바닥에 앉아 있고, 이 날은 내가 우리 여행에 대해 글을 쓰고 열흘이 지난 날이다. 먼저 본 열네 장의 사진에는 인물이 없다. 바다와 암초와 푸른 풀밭과 작고 붉은 나무집들과 배, 오두막과 작은 페리가 있는 항구, 푸른 하늘에는 양떼구름. 나는 울기 시작한다. 왜 울지? 나는 사진들을 치운다. 며칠이 지나도록 왜 이 사진들을 보면 울게 되는지를 알 수 없다. 그러다가 나를 울게 만드는 건 사람들의 부재라는 사실을 깨닫는다. 마치 사람들이 사라지고 마치 인간들의 삶이 그 장면 바깥으로 빨려 나간 듯한. 어느 아침 나는 다시 사진들을 꺼낸다. 열다섯 번째 사진을 발견한다. 네 사진, 아홉 살 때 사진, 비행기에서 찍은 사진이다. 삶으로 가득한. 나와 함께 노르웨이로 가는 길에 찍은 사진. 새로 나온 네 앞니가 삐죽삐죽하다. 너는 사진기를 똑바로 쳐다보고 있다.

*

나는 일기에 적었다.
2005년 10월 21일.
칼은 자카리아스를 유치원에서 데려와 놀이터로 가서는 꼬치에 굽는 꽈배기빵을 만들어 잼과 함께 먹었다. 칼은 천사이고, 자카리아스는 칼 천사를 숭배한다.

나는 밤새 잠 못 들고 어두운 밖을 내다보며 누워 있었다. 갑자기 어두움이 하얀 그림자로 채워진 것처럼 보였다. 흰 베일이 서로 겹치고 풀어지며 흐느적거렸다. 무슨 춤처럼, 유기적으로, 마치 어둠 속에서 새로운 차원이 생겨난 듯했다. 나는 눈을 감았다가 다시 떴다. 흰 그림자 혹은 베일은 여전히 그 자리에 있고 열렬히 춤을 춘다, 그 춤에는 뭔가 거대하고 독특한 힘이 있었다, 서로 겹쳤다 풀어지고, 겹쳤다 풀어지고, 희미한 바람 소리도 있었다, 마치 열린 틈 사이로 다른 존재 형태를 바라보는 것 같았다. 밤이 오고 흰 물체가 밖으로 빨려 나갈 때까지, 빛 속으로 사라질 때까지 나는 밤새 잠 못 들고 누워 있었다. 그 밤 이후 그런 비슷한 모습은 보지 못했다

*

살면서 언제 또 내가 치유자를 찾을 생각을 했을까. 너를 낳고 입원해 있던 그때 외에는 만난 적도 찾은 적도 없지. 누군가가 내 슬픔을 치유해 주기를 바라며 다시 한번 찾아갔어. 애도를 어떤 완수해야 하는 작업으로 여기는 사람을 찾은 건 아니야. 나는 작업을 완수할 생각도 없었어. 애도를 작업으로 다루는 데 동참하고 싶지는 않았어. 애도가 완수해야 할 작업이라는 생각은 역겹다. 다시 건강해지기 위해 애도라는 작업을 완수해야 한다는 생각은 나를 분노하게 해. 나는 작업을 할 힘이 없어. 나는 내 볼을 쓰다듬고 위로해 줄 사람이 필요해. 잠깐이라도 말이지. 나는 치유자에게 슬픔을 내 가슴에서 들어내 달라고 부탁했어. 잠깐이라도 말이야. 여자는 내 가슴에 양손을 얹었어. 내 가슴을 열겠다고 하더라. 그의 손에서 강한 온기가 나왔어. 슬픔은 치유될 수 없는 거야.

나는 왕관을 썼다
슬픔의 여왕
슬픔의 어머니
내 왕좌는 어두움의
깊은 골짜기

아무도 나를 따라오지 못해

캄캄한 홀 안으로

*

「방문자들」(2012)은 아이슬란드 예술가 라그나르 캬르탄손의 비디오 설치 예술이다. 뉴욕 허드슨 계곡의 로커비 농장에서 찍은 아홉 편의 개별 영상으로 되어 있다. 로커비는 1815년에 설립된 오래되고 아름다운 농장이다. 이 작품은 다비드 소르욘손과 캬르탄손이 함께 쓰고 편곡한 곡의 연주를 담고 있다. 이 제목은 팝 밴드 아바의 마지막 앨범의 제목을 인용하고 있으며, 가사는 아우스디스 시프 귄나르스도흐티르의 시를 기반으로 한다.

캬르탄손은 고향 레이캬비크에서 친구 일곱을 모았다. 그중 여럿은 음악인들이었다. 이들은 각각 영상을 찍었고, 각 영상은 하나를 제외하고는 모두 참가자 중 한 명이 같은 집의 서로 다른 방에 있는 모습을 보여 준다. 영상을 모두 모으면 시각적, 청각적으로 통합된 하나의 작품이 된다.

2013년 나는 이 작품을 뉴욕 첼시에 있는 갤러리 루링 어거스틴에서 칼과 함께 볼 수 있었다. 우리는 둘 다 감명을 받았다. 작품이 계속되는 육십사 분 동안 우리는 모니터 사이를 걸으며 듣고 보았으며, 내내 새로운 구조와 새로운 이야기를 발견할 수 있었다. 이 작품은 영상들을 보는 순서를 어떻게 결정하느냐에 따라 서로 아주 다른 여러 가지 방식으로 감상할 수 있다.

같은 노래가 육십사 분 동안 내내 반복된다. 「방문객들」은 어딘가 명상적이다. 그리고 깊은 감동을 준다.

다시 며칠이 지난 후 칼은 그 작품을 다시 보기 위해 갤러리에 갔다.

아우스디스 시프 귄나르스도흐티르는 쓴다.

> 반짝이는 서리 위의
> 분홍빛 장미
> 다이아몬드 심장과
> 다홍빛 불

그리고 이렇게도 쓴다.

> 너는 나를 데려갔지
> 쓰라린 최후까지

또 이렇게도.

> 우리 주위에서 별들이 폭발하는데
> 할 수 있는 건 아무것도, 아무것도 없다

*

나는 일기에 적었다.

2016년 3월 10일.

오늘 일찍 치유자를 찾아갔다. 치유자는 칼이 적어도 두 번의 전생에 일찍 죽었다는 '정보'를 얻었고, 그의 영혼의 일정에는 이른 죽음이 늘 있었다고 생각한다. "그는 도와주러 왔다가 다시 떠나가는 영혼이에요." 그는 더 이상 필요하지 않다고 생각하고 떠나는 걸까? 그렇다면 그 판단은 틀렸다. 그는 필요하다. 간밤에 나는 침대에서 내려와 거실로 가야 했다. 거칠게 흐느끼면서. 어둠 속에 맨몸으로 의자에 앉아 국립 병원으로 가던 차 안에서와 같은 힘으로 울부짖었다. 이번에도 내 몸 안에서 낯선 목소리가 힘겹게 빠져 나왔다. 최근에 나는 몸이 좋지 않았다. 피로가 극심하고 열이 났으며, 오늘은 두통도 생겼다. 내일은 심장병 전문의에게 진료를 받기로 했다. 맥박이 빠르고 불규칙하다. 신진대사 문제일지 모르지만 그보다는 두려움과 불안 때문일 것 같다.

벌거벗은 몸으로
애도하는 어머니:
끔찍한 피부
부르튼 입술
낯설다
그 허물 속에, 그 방에
머물 수 없다
밝은 밤
생명은 아무것도

부서진 마음

산산조각 난 마음

의학적 진단:

타코츠보 심근증.

타코츠보는 일본어로 문어라는 뜻,
"심장이 문어를 잡는 함정 같은,
목 좁은 항아리 같은 모양이 된다.
슬픔이 원인인 경우가 흔하다."
일시적인 증상이다.
생명에 위협이 될 수도 있다.
영어에서는 브로큰 하트 신드롬이라고 한다.

나는 내내 네 생각을 한다. 네 생각을 하지 않는 순간도 있다. 모순이 아니다. 잠시 네 생각을 하지 않을 때를 포함해 나는 늘 너를 품고 다닌다. 애도하며 너를 생각할 때 너에게 일어난 일을 생각할 때 내 몸의 모든 부분이 바닥으로 가라앉는다. 몸 안의 세포들이 바닥으로 잡아당겨지며 느끼는 무게감이다. 이 느낌은 시간이 지나도 변할 것 같지 않다. 나는 필요하면 눈물을 참는 데 점점 익숙해졌다. 일주일까지 울지 않고 버틸 수 있다. 신기록이다. 나는 늘 네 생각을 하고 나는 늘 네 생각을 하지는 않는다 나는 잊을 수 있고 웃고 먹고 잘 수 있다 나는 살 수 있다 나는 꿋꿋하다 나는 언제나 너를 품고 다닌다. 그렇게 보면 달라진 게 없다

C. S. 루이스는 이렇게 쓴다.

내가 사실은 신경을 쓰지 않는다고, 어쨌건 별로 신경을 쓰지 않는다고 내 안에서 무언가가 나 자신에게 설득하려는 순간들이 문득문득 있다. 사랑이 한 사람에게 인생의 전부는 아니다. 나는 H를 만나기 전에도 분명 행복했다. 내게는 사람들이 '자원'이라고 하는 것들이 풍부하다. 사람들은 이런 일들을 극복한다. 자, 난 꽤 잘해 낼 거야. 우리는 이런 목소리에 귀를 기울이기를 부끄러워하지만, 그래도 조금은 말이 되는 것 같을 때도 있다. 그런데 갑자기 격렬하게 기억이 치고 들어오고, 이런 '상식'은 용광로 불구덩이 속의 개미 한 마리처럼 사라진다.

*

나는 그 목소리가 자주 들린다. 그리고 칼이 죽었다는 걸 분명 알아들었다. 사실이 그렇다. 삶은 계속 갈 길을 간다. 그런데 두 시간 후 나는 살구잼을 보고 울음이 터진다. 칼이 얼마나 오렌지 마멀레이드를 좋아했는지가 기억나고, 칼이 죽기 일주일 전에 우리 어머니에게서 오렌지 마멀레이드 한 병을 선물받았기 때문이다. 우리가 칼의 집을 치울 때 나는 반쯤 먹은 그 잼을 부엌에서 발견했다. 디디온이『상실』에서 묘사하는 소용돌이. 한 조각의 기억이 당신을 과거로, 당신에게 슬픔이 오기 이전의 과거로 데려간다. 내가 생각하는 소용돌이는 한편 언제나 슬픔으로 끌고 들어간다. 살구잼은 오렌지 마멀레이드가 되고, 마멀레이드는 끈끈한 흔적을 남겨 모든 것을 그 속으로 끌고 들어간다. 칼과의 달콤한 기억은 씁쓸해지고 견디기 힘들어진다. 그의 죽음으로 이끌기 때문이다.

*

나는 아무것도 믿지 않는다, 천국도 지옥도 하느님도 치유도 전생도, 나는 이 모든 어리석은 개념에 침을 뱉는다, 나는 지옥도 업보도 내세도 환생도 믿지 않는다, 이 모두에 침을 뱉는다, 지극한 경멸을 담아 분노한다, 운명도 점성술도 망자와의 재회도 유령도 천사도 믿지 않는다, 이 모든 것에 구토하고, 이 모든 것에 꺼지라고 욕을 한다, 삶과 죽음, 삶과 죽음만이 있을 뿐이다, 내가 믿는 것은 작별해야 하는 죽은 육신을 돌볼 때의 다정함뿐이다, 공동체

*

2015년 9월 말에 나는 미국 순회 여행을 했다. 두 주간의 책 소개 여행이었다. 나는 견뎠다, 나는 해냈다, 나는 의지가 있었다. 계속 이동 중이니 무언가 해방감이 있었다. 내 상태에 잘 맞았다. 계속 부유하고, 흔들리고, 떠나가고, 아무 곳에도 소속되지 않는 여행자의 익명성도 편안하게 느껴졌다. 아무도 나를 몰랐고 아무도 내 슬픔을 몰랐다. 칼을 낳은 후 집에 와서 겨울의 어두움을 뚫고 담배를 사러 나갔을 때처럼. 내가 한 마디라도 글을 쓸 수 있었던 것은 이 여행을 하고도 몇 달이 지나서였다. 집으로 돌아오기 전 마지막 경유지인 휴스턴에 도착했을 때 나는 로스코 채플을 방문했다. 이 채플은 그 예술가의 가장 중요한 작품으로 여겨진다. 그는 1964년과 1967년 사이에 총 열네 점의 그림을 그렸는데 몇 점은 거대하고 몇 점은 세 폭으로 구

성되어 있다. 교회는 로스코가 스스로 목숨을 끊은 다음 해인 1971년에 완성되었다. 채플 내부는 팔각형이고, 그리스 십자가를 닮은 형태의 건축물에 자리하고 있다. 밖에서 보면 회색으로 폐쇄되고 육중한 모습이다. 로스코의 그림들은 검은색, 어두운 회색, 보랏빛을 띤 검은색, 불그스름한 검은색이며, 특별한 기법을 이용하여 제작되었다. 검은색과 검붉은색으로 그림을 그릴 때 그는 먼저 붉은색 안료를 칠하고, 그다음에 일곱 가지 서로 다른 검은색과 어두운 색조를 사용했다. 안료는 모두 날계란, 유화 물감, 테레빈유, 수지와 섞었다. 거무스름한 보랏빛 그림들도 여러 층의 안료를 사용한 것으로 따뜻한 토끼 가죽 아교를 섞음으로써 겹겹이 칠한 안료를 투명하고 가볍게 만들었다. 그래서 그림의 어떤 부분은 밝은 회색과 흰색으로 보인다. 하루가 흘러가며 시간에 따라 빛이 달라지면 그림의 모습은 계속 변화한다.

이 교회는 어떤 특정 종교와도 무관하다는 점이 특별하다. 모두를 위한 곳이다. 신앙이 있는 이와 없는 이, 그리스도교인, 무슬림, 유대인, 불교도, 무신론자, 힌두교 신자 등등 이 세상 모든 사람을 위한 곳이다. 그 안에는 로스코의 그림과 공간을 빙 둘러 놓인 긴 나무 의자 몇 개 외에 아무것도 없다. 측면 입구에는 다양한 종교의 경전들이 전시되어 있다. 로스코는 종교적이지 않았다. 사람들은 명상하고 기도하고 애도하고 마음을 풀러 이곳에 온다. 그리고 로스코의 작품을 보기 위해 온다. 나는 긴 의자에 앉아 그림들을 바라보았다. 두 시간을 앉아 있었다. 처음으로 한번 작품에 눈길을 주고 나면 차츰 형태들이 나타났다. 새들이, 바다가, 물고기들이 보였다. 해골과 얼굴 들이 보였다. 나무와 구름이 보였다. 허리를 굽힌 사람들의 긴 줄이. 그리고 나는 칼을 보았다. 반쯤 몸을 돌린 그의 긴 머리카락이 등에 늘어져 있었다. 그림 속으로 기어들어 그에게 가고 싶었다. 그때 그가 사라지고 달빛과 사슴과 거북이가 보였다. 거대한 꽃들, 그 흰 빛이 떨렸고, 이를 둘러싼 어두움도 떨렸다. 나는 울음을 멈출 수 없었다. 하지만 몇 주를 내내 억눌러 온 반가운 울음이었다. 책 소개 여행을 하는 동안 나는 눈물을 참아야 했다. 나는 울음이 필요했다. 나는 일어서서 밖으로 나가 그곳에 전시된 책들을 보았다.『삶과 죽음을 바라보는 티베트의 지혜』를 집어 들고 아무 페이지나 펼쳐서 "살아 있는 가족을 바라볼 때의 무력함" 부분을 읽었다. 죽은 이들은 살아 있는 이들과 접촉할 수 없다는 내용이었다. 나는 햇빛이 비치는 바깥으로, 텍사스의 열기 속으로 나가 잔디밭을 가로지르며 울고 또 울었다. 나는 혼잣말을 했다. 진정해. 그만. 그만 울어. 오늘 저녁에 낭독을 해야 하잖아. 울어서 퉁퉁 부은 눈으로 앞에 설 수는 없잖아. 그만. 나는 로스코의 그림에서 떠오른 형체들이 내게 환각 중에 보이는 어떤 것을 연상시켰다는 생각을 했다.

집에 돌아온 나는 칼이 우리와 함께 뉴욕에서 지내며 그 책과 씨름하던 당시『삶과 죽음을 바라보는 티베트의 지혜』에서 바로 그 부분을 접어 둔 것을 보았다. "살아 있는 가족을 바라볼 때의 무력함." 나는 죽은 이들의 말을 들을 수 없는 우리가 무력하다고 생각했다. 사자의 서에 따르면 사람은 여러 단계를 거쳐 영혼이 된 후에 바람의 일부가 된다고 나는 읽었다.

너는 바람의 일부이니?

*

칼 일이야.

창문에서 떨어졌어.

칼 일이야. 나는 울면서 어머니와 큰아들에게 외친다. 창문에서 떨어졌어. 죽었어. 당장 택시를 불러야 돼. 그가 말했어. 택시를 불러야 한대. 국립 병원으로 가야 돼. 전화기가 손에서 떨어진다. 나는 비명을 지르며 몸을 바닥으로 던지고, 큰아들도 마찬가지다. 우리는 동물들처럼 괴성을 지른다. 이미 일찍 잠자리에 든 아버지도 문간에 서 있다. 국립 병원에 가야 한다고 어머니가 말했나 보다. 가자. 아버지가 말한다. 어머니는 휴대 전화를 잊지 말라고 말한다. 우리는 차로 가고, 어머니는 다리를 휘청거리며 내 손을 잡는다. 큰아들은 아내, 딸과 함께 집에 있는다. 차가 출발한다. 자정이다. 나는 뒷자리에서 비명을 지르고 있다. 그리고 담배를 피운다. 어머니가 말한다. 자, 애야, 자, 아가. 나는 뒷좌석에서 몸부림친다. 머리에 불이 나는 것 같다. 고속도로에는 다른 차가 없다. 아버지가 과속을 한다. 코펜하겐까지 한 시간이 걸린다. 뭐라고? 나는 생각한다. 이게 뭐지? 무슨 일이 벌어지고 있는 거지? 꿈을 꾸고 있는 느낌이다. 춥고 몸이 떨린다. 내 몸에서 생명이 빠져나가는 것 같다. 나는 다시 비명을 지르기 시작한다. 아주 깊고 원초적인 상태에서 쏟아져 나오는 것 같다. 내 목소리가 아니다. 내 귀에 들리는 목소리에 나는 제정신을 잃고 겁에 질린다. 숨을 쉬기도 힘들다. 나는 다른 사람이 되었다. 국립 병원에 도착하니 비가 오고 있다. 우리는 엘리베이터를 타고 10층으로 올라간다. 나는 엘리베이터에서 내리며 소리친다. 우리 아이는 어디 있어요? 우리 아이는 어디 있어요? 내 전남편인 마르틴이 대기실에서 나와 나를 진정시키려고 한다. 그는 기계적이고 냉정하다. 나는 소리친다. 칼은 어디 있어? 그가 나를 잡는다. 꽉 붙잡는다. 우리는 복도를 따라 걷고, 간호사들이 앉아 있는 사무실로 들어간다. 사무실 뒤에 다른 공간이 있어 우리는 그리로 들어간다. 칼이 그곳에 누워 있다. 내가 제일 먼저 본 건 그의 눈이다. 검푸르고, 심하게 부었다. 두 개의 검은 곡선. 눈은 감겨 있고 입술은 살짝 벌어졌다. 쌕쌕 소리가 난다. 소리가 나는 건 인공호흡기다. 기계가 아들 대신 숨을 쉬고 있다.

살아 있다.

*

루보는 이렇게 쓴다.

이 이미지가 또다시 천 번째 보인다. 똑같이 집요하다. 끝없이 되풀이해 나타나는 걸 막을 수가 없다. 세부 하나하나가 똑같이 고집스럽다. 물러설 기미가 보이지 않는다.

나는 일기에 적었다.
2016년 1월 12일.
오늘은 잿빛이다. 거실은 고요하다. 우리는 매일을 죽음과 함께 보낸다. 내가 언제 다시 글 쓰는 데 힘을 쏟을 수 있을지. 힘이 너무나 많이 소모된다. 현존, 집중력, 에너지가. 아름다움은 내 언어를 떠났다. 내 언어는 상복을 입고 있다. 나는 무엇에도 관심이 없다.

루보는 쓴다.

있는 그대로 죽음에 천착하고 이를 어떤 실재에 대한 갈망으로서 인정하는 것은 언어와 언어의 모든 구조 안에 내가 통제할 수 없는 무엇이 있음을 시인한다는 의미였다.

*

나는 일기에 적었다.
1996년 3월 30일 저녁, 이층 침대에서 여섯 살 난 칼 에밀이 말한다.
"태양은 일종의 별이고, 별은 일종의 태양이야. 하지만 죽고 나면 인간의 피부와 인간의 머리카락이 다시 나지 않아."

나는 그의 따뜻한 피부를 쓰다듬었다

나는 네 두꺼운 곱슬머리 한 뭉치를 흰 편지봉투에 보관했다. 일부는 굳은 피 때문에 뻣뻣하지. 관을 닫기 전에 자른 머리야. 지금도 네 향기가 나. 부패할까 걱정했는데 피는 부패하지 않았구나. 나는 그 머리카락을 공기가 통하도록 편지봉투에 넣었어. 머리카락을 네 아버지와 나누어 가졌어. 우리는 인생의 많은 부분을 나누었으니까. 사랑, 시간, 아이들, 물건, 이혼까지. 네 머리카락을 나눈다니 말도 안 되는 소리처럼 들리겠지. 나는 고르게 나눴어. 매라도 맞는 듯 울면서. 우리 중 누구도 네 머리카락의 모습과 향을 견딜 수 없었어. 네 머리에서 자라긴 했지만 죽은 물질이었지. 지금은 마치 살아 있는 것 같다. 네 일부, 네 몸의 일부야. 전과 같은 구리 같은 금빛이었어. 바다와 꿀, 따뜻한 향료 같은 향, 약간은 금속성 향이 났어. 금속성 향은 피에서 나는 거겠지. 빅토리아 시대에 사람들은 죽은 이의 머리카락으로 정교한 장신구를 만들었단다.

머리카락: 특정한 종류의 케라틴으로 구성된 섬유 구조. 모낭 아랫부분에서 일어나는 세포 분열과 세포의 각질화로 형성된다.
모낭은 태아기에 피부에서 핀 모양으로 자라난 과잉 세포가 모낭 구조를 형성하며 만들어진다. 출생 후에는 새로운 모낭이 생기지 않는다.

루보는 쓴다.

나는 힘든 밤에서 너를 구해 주지 않았다.

*

2015년 6월, 네 형은 외할머니 댁에 구덩이를 네 개 판다. 네 장례 때 썼던 사과나무 네 그루를 네 귀퉁이에 심는다. 그리고 말하지. "누가 석 달 전에 내가 동생을 추모하는 숲을 꾸밀 거라고 했더라면 꿈에서도 안 믿었을 텐데." 화창한 여름날이고, 흙보다 일의 무게가 더 묵직하다. 작업이 끝나니 세 살 먹은 네 형의 딸이 제 작은 물통으로 물을 준다. 그리고 말한다. 칼은 지금 천국에 살아서 우리가 찾아갈 수 없어.

그리고 우리는 가지가 꺾이지 않고 나무가 튼튼하게 자랄 수 있도록 사과들을 아직 작을 때 딴다
그리고 사슴이 묘목에 가까이 가지 못하게 나무 주위에 혈분을 뿌린다
그리고 마비가 된 채 서서 5월을 맞아 꽃을 피우는 나무를 바라본다
그리고 우리는 이 나무들을 살리기 위해서라면 세상 무엇이라도 하겠다
우리는 풀과 나무의 죽음을 견딜 수 없다
우리는 우리의 실수와 부주의로 풀과 나무가 죽는다는 생각을 견딜 수 없다

2016년 6월, 네 아버지와 나는 네 형과 그 딸을 작은 페리 선착장에 데려다준다. 둘은 배로 피오르드를 건널 계획이었다. 우리는 서서 멀어지는 배를 바라본다. 손을 흔든다. 다시 차에 오르지. 우리는 일이 어떻게 진행되는지 이야기한다. 나는 나 자신이 너무나 조용하고 무겁게 느껴진다고 말한다. 그리고 아무 의욕도 없다고 말한다. 그리고 아직도 술을 너무 마신다고 말한다. 네 아버지는 자신이 너무나 조용하고 무겁게 느껴진다고 말한다. 그리고 아무 의욕도 없다고 말한다. 그리고 여전히 안정제를 먹는다고 말한다. 충격이 침묵으로 변하고, 무로 변하고, 시간마저 사라지면 이렇다. 우리가 서로 비슷한 경험을 한다는 게 기쁘다. "기쁘다." 우리 둘 다 우리가 어딘가 문제가 있다고 생각했고 누구도 우리 같은 경험을 하지 않을 거라고 생각했다. 우리 같은.

*

나는 일기에 적었다.

2009년 12월 30일, 세인트존.

칼이 22일에 덴마크에서 도착했다. 우리는 24일 아침 일찍 비행기로 세인트토머스까지 가서 배를 탔다. 멋진 시간을 보내고 있다. 특별히 아름다운 곳은 솔트 폰드로, 산호와 바다 식물이 얕은 물까지 이어져 있어 스노클링을 좀 무서워하는 자카리아스도 하늘색, 보라색, 주황색 물고기와 불가사리와 노란색 산호(머스터드 힐 산호)를 관찰할 수 있었다. 해변에는 우리뿐이었고, 우리는 영국이 먼저 노예 제도를 폐지했을 때 영국령 섬들까지 헤엄쳐 가려고 노예들이 도망쳤던 램스헤드에도 올랐다. 어디에나 붉은 꽃이 핀 선인장과 무수한 나비와 꽃과 벌로 가득했다. 오늘 우리는 열대의 비를 맞으며 정글을 지나 섬의 남쪽 해안에 위치한 리프 베이 산책로를 따라 걸었고, 1940년까지 야생의 상태로 묻혀 있던 오래된 사탕수수 농장과 마을의 흔적을 보았다. 노예들의 숙소를 보고 깊은 슬픔을 느꼈다. 칼은 울퉁불퉁한 돌무더기에 손을 얹고 말했다. "여기서 고통받고 죽은 사람들을 위해 일 분간 묵념해요." 그 근처의 길들은 모두 노예들이 끌고 와서 박은 화산암으로 되어 있었다. 산을 반쯤 내려간 지점에는 아주 영적인 곳이 있었다. 작은 담수호와 폭포가 야생 난초에 둘러싸여 있었다. 그리고 호수 주변에 솟아오른 암벽에는 원래 이곳에 살았던 타이노족이 새긴 3000년쯤 된 암각화가 있다. 그 그림은 물에 반사되며, 두 세계, 즉 물질적인 세계와 영적인 세계를 상징한다. 그런데 그때 칼이 넘어졌다. 진흙에 미끄러지며 정강이를 베였고, 살갗이 찢어지고 피가 철철 흘렀지. 현기증이 나고 얼굴은 창백해지고 통증이 심해서 일어설 수도 없었다. 어떻게 해야 할까? 어떻게 산 위로 데려가지? 불행 중 다행으로 잠시 후 의사가 이끄는 작은 무리의 사람들이 길을 따라 올라왔다! 의사는 칼의 다리를 살펴보고 부러지거나 삐지는 않았다고 말했다. 우리는 (도시락에서 꺼낸) 얼음을 다리에 얹고 말했다. "칼, 너는 정말 운이 좋구나. 열대우림 깊은 곳에서 딱 필요할 때 의사가 도착할 확률은 얼마나 되겠니?"
칼은 **언제나 운이 좋다**.

*

너는 외쳤다. "나 힘떼!" "나 힘세!"라고 하고 싶었던 거지. 너는 세 살이었고, 초록 숲에 들어가 막대기로 큰멧돼지풀을 베었어. 너는 자랐다. 아무도 너를 이길 수 없었어. 너는 강했어. 너는 높고 높은 나무에 오르고 줄을 타고 물구나무를 섰고, 너의 재주 넘기는 놀라웠어. 몸으로 못 하는 게 없었지. 겁이 없었어. 의자에 제대로 앉기보다는 그 위에 쪼그리기를 더 좋아했어. 일어설 때는 마치 눈에 보이지 않는 자석이 너를 잡아끄는 것 같았어. 너는 바닥으로 뛰어내렸지. 날래고 자신 있게. 그리고 다시 일어섰어. 똑바로, 완전히 좌우 대칭으로. 자라서도 마찬가지였다.
완벽한 육체.
육체의 가능성에 대한 이해.

시간과 공간의 이해.

육체를 시간과 공간 속에서 사용하고 배치하는 천연의 능력.

네 능력에 대한 과대평가

네 재주 넘기는 놀라웠어

*

국립 병원에 도착하니 비가 오고 있다. 우리는 엘리베이터를 타고 10층으로 올라간다. 나는 엘리베이터에서 내리며 소리친다. 우리 아이는 어디 있어요? 우리 아이는 어디 있어요? 마르틴이 대기실에서 나와 나를 진정시키려고 한다. 그는 기계적이고 냉정하다. 나는 소리친다. 칼은 어디 있어? 그가 나를 잡는다. 꽉 붙잡는다. 우리는 복도를 따라 걷고, 간호사들이 앉아 있는 사무실로 들어간다. 사무실 뒤에 다른 공간이 있어 우리는 그리로 들어간다. 칼이 그곳에 누워 있다. 제일 먼저 본 건 그의 눈이다. 검푸르고, 심하게 부었다. 두 개의 검은 곡선. 눈은 감겨 있고 입술은 살짝 벌어졌다. 쌕쌕 소리가 난다. 소리가 나는 건 인공호흡기다. 기계가 아들 대신 숨을 쉬고 있다. 살아 있다. 칼은 살지 못할 거야. 못 할 거라고 했어. 마르틴이 말한다. 나는 의자에 앉아 칼의 손을 잡고 울고 있고, 그의 뺨을 쓰다듬으며 말한다. 아가, 아가, 사랑해. 아무것도 이해되지 않는다. 아들의 머리는 천으로 덮여 있다. 아들의 귀가 보인다. 귀는 온전히 성하다. 섬세하고 잘생긴 귀. 언제나처럼. 조개껍질처럼, 설탕 반죽처럼 사랑스러운 네 머리에 바짝 붙어 있다. 그의 아름다운 귀를 보니 내 절망이 더 커진다. 더 이상 억누를 수가 없다. 그 공포를 형언할 말이 없다. 내 몸을 이 공간, 이 방, 죽음의 홀로 통하는 앞뜰이며 대기실에서 휘청거리게 하는 고통. 그의 아름다운 귀는 사고나 죽음의 흔적을 전혀 보이지 않는다. 시트 한 장이 육신을 덮었다. 온갖 튜브와 방울방울 떨어지는 액체들이 연결되어 있다. 가슴에 난 털이 보인다. 귀와 마찬가지로 그에게, 그의 피부에 바짝 붙어 있다. 그의 털은 조개껍질, 우림에 자라는 꽃, 막 펴지려고 하는 고사리를 떠올리게 하는 완벽한 패턴을 그린다. 인공호흡기가 숨을 들이쉬고 내쉰다. 칼의 가슴에 공기가 찼다 다시 빠져나간다. 칼의 가슴은 조용히 움직이며 오르락내리락한다. 마치 단잠을 자는 듯이. 왜 옷을 안 입고 있지요? 내가 묻는다. 왜 맨몸인가요, 왜 옷을 입히지 않았죠? 춥지 않을까요? 폭력적인 분노가 느껴진다. 그들이 아들을 잘 보살피고 있지 않다고 내가 생각하는 게 느껴진다. 그때 마르틴이 말한다. 마르틴은 이렇게 말한다.

5층 창문에서 뛰어내렸을 때 맨몸이었어.

루보는 이렇게 쓴다.

한 줄기 빛나는 연기　공포　빛으로 쓴
정확하게 그곳에 멈춘다

네가 검게 변할 때

*

한스 크리스티안 안데르센은 『**어머니 이야기**』에서 이렇게 쓴다.

그리고 그들은 기이하게 서로 얽혀 있는 꽃과 나무가 자라는 죽음의 커다란 온실로 갔단다. 한쪽에는 유리로 된 종 아래에 하늘하늘한 히아신스가 서 있고, 그 주위에 크고 단단한 작약도 있었어. 수초도 있었는데 잘 자라는 것들도 있고, 휘감는 물뱀들 때문에 옥조이고 검은 가재가 줄기에 딱 붙은 것들도 있었어. 멋진 야자나무와 참나무와 플라타너스도 있었어. 파슬리와 향긋한 타임도 자랐지. 나무와 꽃들은 모두 어떤 사람의 이름으로 불렸어. 중국에, 그린란드나 세상 어딘가에 다들 살아 있는 누군가의 목숨이었거든. 작은 화분에 뿌리가 가득 차서 터지려 하는 큰 나무들도 있었고, 기름진 땅에 자라는 시시한 작은 꽃들은 이끼가 잘 덮이고 보살핌을 받았지. 슬퍼하던 어머니는 자그마한 식물들 위로 몸을 굽히고 그 안에서 뛰는 인간의 심장 소리에 귀를 기울였어. 수백만 개의 심장 가운데에서도 자식의 심장 소리는 알아들었거든.
"여기 있네요!" 어머니는 시들어 옆으로 떨어진 작고 푸른 크로커스를 쓰다듬으며 외쳤어.

그리고 이렇게 쓰지.
알잖니? 사람은 누구나 제 생명의 나무나 꽃이 있거든

우리는 네 무덤에 목련나무를 심었고

선반이 있는 벽을 세웠고

그 위에 화분과 꽃병을 놓았고

화분과 꽃병을 식물로 채웠고

꽃과 허브로 채웠고

나무와 관목으로 채웠고

숲과 봄에 자라는 것들로 채웠고

그 벽 앞 땅에

고사리와 제비꽃과 아네모네를

은방울꽃과 선갈퀴아재비를 심었지

향기로운 봄의 숲, 초록

*

장례식에서 네 형은 일어서서 이렇게 이야기했다.

칼은 어릴 때 고대 그리스의 신화와 우화에 관심이 많았습니다. 그 이야기들에 매료되어 듣고 또 듣고 싶어 했지요. 페가수스, 시시포스, 헤라클레스의 이야기들을요. 다른 형제나 사촌들이 지루해할 때도 칼은 이야기를 하나 더 듣고 싶어 했고, 나는 즐거운 마음으로 들려주었지요. 그렇게 보면 칼하고 나는 많이 비슷했어요. 둘 다 역사, 특히 고대에 사로잡혔으니까요. 그러니 칼의 인생 이야기가 아리스토텔레스가 설명하는 비극의 구조에 따라 끝났다는 건 아이러니입니다.『시학』에서는 그 구조를 이렇게 설명하지요.

먼저 자신과 동일시할 수 있는 영웅을 정합니다. 청중 속 누구와도 비슷하고 보편적인 성격에 보편적인 오류들을 가졌지만 손톱만큼 더 고귀하고 손톱만큼 더 나은 인물이지요. 칼은 정말로 그런 사람이었습니다. 나는 늘 칼이 나보다 더 공정하고 더 포용적이고 더 개방적이라고 생각했어요. 여러 면에서 더 나은 인간이었지요.

*

우리는 장례식이 끝나고 저녁 식사 때 방명록을 내놓았다.

열두 살이던 네 남동생은 이렇게 썼지.

형은 언제나 내 형이었어. 형은 언제나 나와 함께 있을 거야. 자신의 방식으로. 형은 최악의 상황에서도 방법을 알았어. 언제나 다른 사람들을 생각했고 이것저것을 알고 싶어 했지. 형의 모든 면이 내가 힘든 때를 견디게 해 줬어. 형은 삐지는 일도 없었지.

열두 살이던 네 여동생은 이렇게 썼다.

오빠는 세상에서 제일 좋은 오빠이고, 영원히 그럴 거야.

무엇이나
언제나
절대

그렇다

그랬다

그랬었다

그럴 거다

네 형의 딸은

이름을

물려 받았지

네 이름을

자기 방식으로

*

앤 카슨의 『녹스』에는 그가 번역한 로마 시인 카툴루스의 101번 시가 실려 있다. 카툴루스는 대략 기원전 84년부터 54년까지 살았다. 그 번역에 대해 앤 카슨은 이렇게 쓴다.

나는 101번 시의 만족스러운 번역에 다가가지 못했다. 하지만 여러 해 동안 이 일을 계속하며 번역을 어떤 공간으로 생각하게 되었다. 불을 켜려면 손을 더듬어 스위치를 찾아야 하는, 아주 낯설지는 않은 공간으로. 이 일은 영원히 끝나지 않을 것 같다. 형제는 영원히 끝나지 않는다. 나는 그의 안을 헤집고 다닌다. 그는 끝나지 않는다.

101)
수많은 민족 수많은 바다를 나는 건넜네 ─
형제여, 나는 이 불행한 장례 행렬에 다다른다
죽음에게 주어야 하는 마지막 선물을 너에게 주기 위해
그리고 말없는 재와 (왜?) 이야기를 나누기 위해.
운명이 너를 내게서 채어 갔으니, 너를,
오, 가엾은 형제를 (부당하게도) 내게서 (부당하게도) 앗아갔으니,
이제 말없이 ─ 부모의 옛적 마음이
장례를 위해 슬픈 선물로 남겨 놓은 것을 ─ 받아들이게.
형제의 눈물로 젖은 이것을.
그리고 영원히, 형제여, 안녕, 안녕.

말라르메는 쓴다.

    2)
    너를 느낀다
이렇게 강렬하게 ─ 그리고 네가
지금도 잘 지낸다고
우리, 아버지, 어머니와 함께
'가까이' ─ 하지만
자유롭고 영원한
아이, 그리고 동시에

어디에나
―

그리고 그 아래에 묻힌 것
―나는

3)

이 말을 할 수 있는 이유는
나는 내 고통을 모조리
우리만의 것으로 감추었으니 ―
― 존재하지 않는다는
고통을 ― 네가
모르는 고통,
　　　― 그리고 내가 나 자신에게
부과한 고통을
(더 나아가

4)

네가 나를
인도한 삶의 바깥에
담장 뒤에 갇혀
　　　　(우리에게
죽음의 세계를
열어 놓고)
　　　―

*

네 글씨에 둘러싸여 바닥에 앉아 나는 네가 이렇게 적은 공책을 찾았다.

생명으로부터 태어난
생명으로부터 죽은

물질의 강한, 진동과 역동적인 힘

*

우리는 관 주위에 긴 머리카락에 피가 말라붙고 몸은 부서지고 부러진 채 서로 손을 잡았다. 둘러서서 너는 노랗고 차갑게 누워 있었다. 초록 재킷을 입고 있었지. 네 옆에 네 기타를 내려놓고, 편지와 그림을 넣고, 네 증조할아버지의 결혼 반지와 내 금반지를 넣고, 가만히 바다를 바라보는 사람을 조각한 그린란드 인형을 넣었어. 벚꽃이 핀 가지도 넣고 뱃삯으로 동전 하나, 어느 즐거운 여름날 찍은, 우리 모두가 담긴 사진도. 사진에서 앞쪽에 서 있는 네 모습은 크고 강인한데 그 사진 옆에 지금은 죽어 차갑고 노란 네 모습. 파르르 떨리는 이 순간 삶과 죽음이 하나의 그림에 함께 있다. 그리고 우리는 굴 껍질과 예쁜 돌들, 네가 오래전에 주운 호박 한 덩어리도 넣었어. 마리화나도 한 주머니 넣었고. 한쪽에서 보면 네 얼굴은 상한 것처럼, 거의 악마 같았어. 다른 편에서 보면 아주 어릴 때처럼 평화롭고 부드럽고 순수하게 보였고. 그게 우리가 기억하는 네 얼굴이야. 하지만 다른 얼굴도 분명 존재했지. 우리는 교회에 서서 서로 손을 잡고 있었고, 이별을 했어. 이별을 했지. 우리는 말했다. "좋은 여행이 되길 빌게."

너는 초록 재킷을 입고 있었다

파르르 떨리는 이 순간 삶과 죽음이 하나의 그림에 함께 있다

*

　　　　　너무나 참을 수 없게 말이 없다 견딜 수 없는 침묵 언제나 침묵이 흐르리라고 언제나 네가 부재하리라고 네 이야기는 할 수가 너를 글로 묘사할 수가 없다 너는 너 자신을 네 육신에 담고 다녔지 네 피부 네 머리카락 향기였어 네 어깨를 네 뺨을 쓰다듬는 빛 세상의 빛 태양 그것은 어스름의 네 눈빛이었어 네 목소리 네 잠 숨결 웃음 네 눈물 입술 네 우아한 목 무릎 위에 놓인 네 손 네가 네 살아 있는 육신에 담고 있던 모든 것이 너였다 너였고 네 육체였어 묘사할 수 있는 언어가 없다 그런데 나는 어떻게 계속 살아가란 말인지

*

『길가메시 서사시』는 4000년도 더 된, 현재 알려진 가장 오래된 문학 작품이다. 길가메시는 기원전 2900년경 지금의 이라크인 메소포타미아에 있던 도시 국가 우루크의 왕이었다. 이 이야기는 우정, 사랑, 삶과 죽음을 다룬다. 친구이자 야생의 남자인 엔키두를 잃고 슬픔으로 병이 든 길가메시는 신들로부터 영원한 생명을 받은 우트나피쉬팀에게 죽음을 피할 수 있도록

도와 달라고 청하기 위해 세상을 헤매고 다닌다. 온갖 고생 끝에 그는 우트나피쉬팀을 찾지만 영생이라는 선물을 얻지는 못한다.

『길가메시 서사시』는 어마어마한 힘이 있다. 수천 년을 지나온 이 글이 어떻게 오늘날까지 그렇게 순수하고 강렬하게 와닿는지. 마치 문학적인 불덩이처럼 시간을 관통하면서도 활활 타오르며, 열정과 절망이 가득하다. 이 작품이 다루는 주제는 4000년 전에도 사람들은 상실과 죽음의 고통을 한 사람의 일생에서 가장 힘들고 중요한 것으로 여겼음을 알려 준다. 엔키두가 죽은 바로 다음 날 해가 뜨자 길가메시는 그의 죽음을 애도한다.

"그럼 너를 앗아간 것은 어떤 잠인가?
너는 나를 떠나가 내 말을 듣지 못하는구나!"
그러나 엔키두는 머리를 들지 않았다.
그는 엔키두의 심장을 더듬었으나 심장은 뛰지 않았다.
그는 친구의 얼굴을 신부의 얼굴처럼 베일로 덮었고,
독수리처럼 주위를 맴돌았다.
새끼를 빼앗긴 암사자처럼
그는 그의 곁에서 왔다 갔다 했다.
그는 제 머리카락을 잡아뜯어 흩뿌렸고,
제 화려한 옷을 찢어 역겹다는 듯이 내던졌다.

그리고 그는 계속 말한다.

"나는 우루크의 사람들이 눈물을 흘리고 곡하게 할 것이며,

배부른 사람들이 너를 애도하게 하리라,
네가 가고 없을 때 나는 씻지도 꾸미지도 않고
사자 가죽을 걸치고 황무지를 방황하리라."

마침내 우트나피쉬팀을 만난 길가메시는 말한다.

"나는 온 땅을 헤매고
험하디험한 산을 오르고 사막을 건너고
대양을 가로질렀다.
달콤한 잠은 내 얼굴을 풀어주지 못했으니
염려와 고생으로 나는 지쳤고
슬픔과 한탄으로 너덜너덜해졌네.
이 고생으로 이룬 것은 무엇인가?"

그러자 우트나피쉬팀은 답하며 그에게 죽음의 의미를 들려준다.

"인간의 아이는 갈대와도 같아. 베어지고 거두어진다네.
멋진 젊은이, 사랑스러운 젊은 여인도
죽음은 (방에서 앗아) 그들을 끌고 가지.
아무도 죽음을 보지 못하고
그의 얼굴을 보지 못하고
목소리를 듣지 못하지만
잔인한 죽음은 모두를 거두어 가네.
그럼에도 우리는 계속 집을 짓고

그럼에도 우리는 계속 가정을 이루고
그럼에도 형제들은 계속 유산을 나누고
그럼에도 땅에는 계속 다툼이 있다네.
그럼에도 강물은 계속 불어나 강둑 위로 흐르고
금 세공인은 물살에 쓸려가고.
그의 얼굴은 태양을 바라보지만
한순간 모두 사라지지."

*

네가 나에게 보낸 마지막 메시지.

일요일에 저녁 먹으러 갈게요, 엄니! 얼른 보고 싶어요!

2015년 3월 11일 수요일, 그 끔찍한 밤으로부터 사흘 전이었다. 그날 나는 책 몇 권과 나흘간 입을 옷이 든 가방을 들고 뉴욕에서 코펜하겐으로 갔다. 비행기는 목요일 아침에 도착했다. 3월 16일 월요일에 집으로 돌아올 계획이었다.

엄니: 방언으로 '어머니'

*

인공호흡기가 숨을 들이쉬고 내쉰다. 칼의 가슴에 공기가 찼다 다시 빠져나간다. 칼의 가슴은 조용히 움직이며 오르락내리락한다. 마치 단잠을 자는 듯이. 왜 옷을 안 입고 있지요? 내가 묻는다. 왜 맨몸인가요, 왜 옷을 입히지 않았죠? 춥지 않을까요? 폭력적인 분노가 느껴진다. 그들이 아들을 잘 보살피고 있지 않다고 내가 생각하는 게 느껴진다. 그때 마르틴이 말한다. 마르틴은 이렇게 말한다.

5층 창문에서 뛰어내렸을 때 맨몸이었어.

나는 마르틴을 바라본다. 내 머릿속에서 공포가 폭발하고, 나는 묻는다. 무슨 말이야? 자살을 시도했다고? 내가 소리 지르고 있는 게 들린다.

아니. 마르틴이 말한다. 아니야. 칼하고 N은 버섯을 섭취했대. 그는 그렇게 말하고 돌아선다.

아무것도 이해가 안 된다. 나는 칼의 친구 N이 몸을 숙인 채 손에 얼굴을 묻고 앉아 있는 대기실로 달려간다. N의 여자 친구가 보이고, 여동생과 어머니와 아버지, 제부가 보인다. 여동생이 울면서 나를 끌어안는다. 나는 N의 앞에 웅크리고 앉아 묻는다. 무슨 일이 있었던 거니? 다 얘기해 줘. 진실을 알려 줘. 모든 진실을 말해 준다고 약속해야 돼. 아무것도 빠뜨리면 안 돼. 시체처럼 창백한 N은 이렇게 말한다.

오후 늦게 버섯을 좀 했죠. 인터넷에서 사서 장 속에서 기른 거예요. 먼저 제가 좀 배드 트립을 경험했고, 눈도 안 보이고 귀도 안 들리는 느낌이었어요. 어두움과 악마만 보였지요. 칼은 저를 진정시키고 제 곁에 앉았어요. 제 배드 트립이 끝나 갈 때 칼에게는 그제야 시작됐지요. 하지만 그 직전에 칼은 저를 사랑한다고, 저를 갈망한다고 이야기했어요. 자신이 동성애자일지도 모르겠다고요. 그래서 대답했지요. 우리 내일 아침에 얘기하자. 너도 나도

정신이 돌아오면. 그러고 나서 저는 요아킴의 침대에 가서 누웠어요. 제 침대가 무서웠거든요. 이층 침대인데 올라갈 엄두가 나지 않았어요. 그다음에는 칼이 샤워를 했는데 마치 몇 시간을 욕실에 있는 것 같았어요. 하지만 그렇게 오래는 아니었겠지요. 그런데 그때, 그때 칼이 아주 빠르게 걸어 나와서는 완전히 알몸으로 집을 가로질러 자기 방으로 가더니 침대에 누웠어요. 그때 저는 뭔가가 이상하다는 생각이 들었어요. 칼은 집 안에서 그렇게 알몸으로 돌아다니지 않거든요. 그래서 괜찮냐고 물어봤지요. 칼은 안 괜찮다고 했어요. 그래서 칼에게 가 봤지요. 그러지 말걸 그랬는지도 모르겠어요. 어쨌건 방에 들어가 봤어요. 그는 침대에서 몸부림치며 머리카락과 피부를 뜯고 이를 갈고 있었지요. 마치 몸 안에 있기 힘들다는 듯 피부와 머리카락을 잡아 뜯었어요. 그러면서 너는 아무것도 모른다고, 내일은 없다고, 세상은 끝났다고 했지요. 저를 못 알아봤어요. 눈은 새카맸고, 원래 모습이 아니었어요. 모습이 무서웠고, 저는 정말로 겁을 먹었지요. 저를 전혀 못 보는 것 같았어요. 환상을, 제가 못 보는 무엇을 보는 듯했지요. 그러더니 갑자기 침대에서 일어나 앞뒤로, 또 앞뒤로 걷기 시작했어요. 그리고 창밖을 내다보았지요. 저는 그를 진정시키려고 했고, 누워서 자라고 말했어요. 자다 보면 지나갈 거라고요. 그런데 제가 그를 속이고 있다고, 그에게 거짓말을 하고 있다고, 저는 아무것도 모른다고 하더군요. 그러더니 저를 붙잡았어요. 제 팔을 억세게 움켜쥐었고, 손을 제 목 쪽으로 가져갔어요. 저는 정말 무서워서 손을 뿌리쳤습니다. 양말만 신은 채 부엌문으로 달려갔어요. 앞문을 사용할 용기는 나지 않았어요. 칼이 따라올까 봐, 그리고 그를 더 흥분시킬까 봐 두려웠거든요. 저는 부엌문으로 나가 부엌 계단에서 경찰에 신고했어요. 친구하고 내가 버섯을 섭취했다고, 친구가 나를 죽이고 창문에서 뛰어내릴 것 같다고, 바로 와 달라고 말했어요.

진실. 명사. 1) 거짓이 없는 사실 2) 거짓이 참됨

*

우리는 손을 잡고 있는데 불안이 가득한 아침이 가장 힘들다. 처음 며칠, 몇 주 동안 우리는 코펜하겐에서 이 집 저 집을 떠돌았고, 우리 친구들은 우리가 머물 곳을 마련하기 위해 집을 비워주었다. 초조함이 아침마다 우리를 침대에서 몰아내었고, 나가 보면 어쩔 줄 모르며 부엌 식탁에 둘러앉은 다른 이들의 얼굴이 보였다. 다른 이들, 친구들, 가족, 아이들, 청소년과 성인들, 우리는 여러 명이었고, 공기를 넣은 매트리스나 소파에서 잤는데 악몽으로 점철된 얕은 잠, 혹은 술을 마시고 자는 깊은 잠이었고, 아침이면 매일 그 상황을 마주해야 했다. 우리는 이해해야 한다. 하지만 아무것도 이해가 안 된다. 우리는 춥다. 그래서 커피를 마신다. 그리고 이를 닦는다. 그리고 친구들이 도착한다. 우리 친구가 말한다. 이제 산책을 가려고 해. 우리 친구가 말한다. 같이 가자. 한 발을 다른 발 앞으로 내디뎌 봐. 우리는 나간다. 아침이다. 햇빛은 예리하다. 빛은 기름 위의 물처럼 공포를 밀어낸다. 그리고 우리는 떠다닌다. 우리는 물에 떠 있는 목재, 막대기, 뼛조각이다. 더 이상 우리 자신이 아니다. 우리는 더 이상 우리 자신을 품을 수가 없다. 우리는 더 이상 자아가 없다. 우리는 우리가 되었다.

더 이상 나는 없고 우리뿐이다

모든 것이 비현실적이다. 언어는 의미를 잃었다.

쇼크의 언어

"너"는 "지금" 어떻게 지내고 있어?
좀 "나아졌어".
"너"는 "잠" 좀 잤니?
응, "나"는 "잠"을 좀 잤어.

우리에게 갑자기 닥친 새로운 현실, 비-현실에 대해 이야기하려면 따옴표가 필요하다. 일상적인 어느 것도 반향을 보내지 않고 아무것도 자리를 잡지 못하며, 이 세상에서 어떤 것도 모습을 알아볼 수 없는 비상 상태다.

따옴표를 사용하면 헛웃음을 웃게 되고, 그 웃음은 잠시의 편안한 순간이다. "구원."

이제 "먹어" 보는 게 어떨까?
산책을 "가" 볼까?

우리는 과하게 따옴표를 사용하지 않고는 대화를 할 수 없다. 따옴표는 우리의 암호가, 불가능한 것, 즉 상상조차 불가한 이 상태를 표현하기 위한 수단이 된다.

"너"는 "괜찮니"?

우리는 손으로 이런 비밀스러운 따옴표 표시를 함으로써 희미한 말을 붙든다. 끊임없이 까딱거리는 손가락이 빈 단어들 주위를 계속 감싸고, 이 빈 단어들에 의미의 가능성을 부여한다. "의미"의.

*

장례식에서 네 형은 일어서서 이야기했다. 형은 계속 말했어.

비극적인 요소는 주인공이 하마르티아, 즉 치명적 실수나 치명적인 계산 착오를 저지를 때 시작됩니다. 치명적인 계산 착오에는 악한 의도가 결코 없고, 늘 온전히 좋은 의도로 이루어지지요. 청중이 보기에는 조건만 갖추어진다면 누구라도 할 법한 행동입니다. 작고 사소한 행동이죠. 환각 작용을 일으키는 버섯을 구입하고 재배했을 때 칼에게는 자기 목숨을 끝내거나 무슨 해악을 도모하려는 의도가 없었습니다. 전에도 버섯을 섭취해 보았고, 효과는 긍정적이었어요. 그래서 더 나아가 그 버섯을 완전히 유기농으로 재배해 정말로 천연의 환각 상태에 도달해 보려 했습니다. 하지만 계산 착오는 비극에서 페리페테이아, 즉 운명의 역전을 가져오지요. 운명의 역전이란 행운에서 불운으로의 갑작스러운 변화입니다. 운명이 바뀔 때는 좋은 의도라는 덫에 걸립니다. 물론 칼은 운이 좋았어요. 죽기 직전까지 행복하고 긍정적이었으니까요. 칼에게 운명의 역전은 직접

기른 유기농 버섯이 약물성 정신 이상을 가져왔을 때 닥쳤습니다. 정신 이상 상태에서 칼은 옷을 벗고 창을 열고 달리기 시작해서는 밤을 향해 뛰어내렸습니다. 보기에는 무해한 행동이 사건의 연쇄 반응을 촉발시켜 결국 그의 죽음으로 끝났지요.

하마르티아
페리페테이아

포르투나. 고유명사(라틴어 Fortuna). 다가올 일, 운명을 관장하는 로마 여신의 이름

앤 카슨은 이렇게 쓴다.

움직임 하나가 시작되더니 제 손을 잡고 이끌다.

*

티케. (Τύχη. 그리스어로 '운') 행운과 불운을 모두 아울러 한 인간의 운이 인생에서 어떻게 작용하는가를 가리키는 고대 그리스의 용어.
중세 시가에서 노래하는 행운과 불운 역시 운명의 흐름에 해당하며, 이는 예측할 수도 피할 수도 없다.
고대 철학자들은 대체로 운명이란 인간이 감지할 수 없는 인과 관계의 발로라고 믿었다.
티케의 개념은 인격화되어 운을 관장하는 여신 (대문자로 쓰는) 티케가 되었다. 로마인들은 티케를 포르투나와 동일시했다.

*

어떻게 한 사람이 자기 자신이면서 동시에 아닐 수 있는지 이해하려고 나는 정신 질환에 대해 읽어 보았다. 네가 자살하지 않았는데 어떻게 네 몸이 너를 5층 창밖으로 던졌는지를 이해해 보려고 했어. 네 몸이 너를 5층 창밖으로 던졌을 때 **너는 네 안**에 있지 않았고, 무슨 일이 일어나는지 몰랐겠지. 내 머리에 불이 난 것 같아. 극단적인 상극들을 어떻게 통합해야 좋을지 모르겠다. 내 뇌는 이 정보들을 하나의 서로 이어진 장면들, 하나의 **이야기**, 우리가 남은 평생을 끼고 살아야 할 하나의 이야기, 네 죽음의 이야기로 만들어 내지 못하고 있어. 한편으로는 억울하고 환영받지 못했으며, 한편으로는 그렇게 폭력적이고 단호하게 표현했지. 그렇게 절대적으로, 그렇게 갑작스러운 몸짓으로, 몇 초 만에 네 존재는 행복한 젊은이에서 생명이 끊어진 육신으로 변해 코펜하겐의 길바닥에 있었다. 이 두 상태 사이에 정신증이 있었다.

> **정신증.** 현실 검증력이 파괴되었거나 손상되었거나 부재함. 현실의 상실. 현실을 파악할 능력이 없음.

정신 의학에서는 다음과 같이 더 좁게 정의되어 있다. '정신증의 양성 증상', 즉 환각, 망상, 정신적인 '안정'이 '붕괴'한 징후를 포함하는 특이한 행동의 발현: 일관성이 없는 발화, 부자연스러운 활동 속도(느리거나 빠름).

학술적인 진단에서는 '정신증'이라는 개념을 피한다. 그 상태를 정확하게 정의할 수 없기 때문에 그 대신 '정신증적'이라는 형용사를 사용한다.

나는 계속 읽는다.

어떤 버섯은 천연 상태에서 존재하고 환각 물질로 분류되는 실로시빈을 포함한다. 이 물질은 LSD와 유사한 효과가 있다. 다른 환각 식물도 있지만 실로시빈 버섯이 가장 흔하다.

버섯은 환각을 불러일으킨다. 즉 지각이나 사고와 감정의 심한 왜곡을 가져온다. 실제로 존재하지 않는 소리를 듣고 사물을 보게 된다. 현실에 대한 통제를 잃는다. 신체적인 경험이 변화하고, 인상이 왜곡되고 불안정하며 거슬린다. 도취 상태는 정신증과 비슷하고, 6~8시간 정도 지속된다. 배드 트립이라고 하는 악몽 같은 상태에서는 환각이 훨씬 더 오래 지속될 수 있다. 메스꺼움이 동반될 수도 있고 체온, 맥박, 혈압이 경미하게 상승하기도 한다. 동공은 확장된다.
버섯을 섭취하면 현실 감각이 변질되기 때문에 사고의 위험이 매우 크다.

칼: 채식을 하고, 술을 거의 마시지 않고, 마리화나를 약간 피우는 걸 즐겼다.
약물을 남용하거나 중독되지 않았고, 자살 위험을 드러낸 적이 없다.

친구 N은 네 눈빛이 검어진 것을 보았지. 확장된 동공. 병원과 교회에서 우리가 본 검게 부푼 눈. 원인은 과도한 내부출혈.

검은 눈. 그 뒤에 있는 네 아름다운 눈. 사라져 버린.

*

우리는 잠시 빌린 집 부엌에 앉아 있고 시간은 멈췄다. 우리는 코펜하겐의 한 식탁에 둘러앉아 서로 손을 잡고 있다. 냉장고 위 벽에 시계가 보이고 소리도 들리지만 시간은 산산조각이 났다. 시간은 흐른다. 흘러간다. 시간이란 현재뿐 지금밖에는 아무것도 없어 그 이상도 그 이하도 아니다. 우리는 밤낮도 모른다. 우리는 밤과 낮의 밖에 있다. 밤과 낮은 우리와 아무 관계가 없고, 우리는 그 차이를 인지하지 못한다. 우리는 미래에 대한 희망이 없다. 미래는 상상할 수도 느낄 수도 없다. 우리는 한 시간, 십오 분, 일 분 앞도 내다보지 못한다. 우리는 계획을 할 수 없다. 우리는 미래가 없는 시간을 산다. 우리는 부엌 식탁에 앉아 일 초 일 초를 생존한다. 별로 일어서지도 않는다. 바깥 하늘에는 봄빛이 오르락내리락하는데 우리는 굳어 버렸다. **이제 이 지나가는 시간 속에 네가 있을 수 없으니 우리도 못 한다.**

루보는 이렇게 쓴다.

네가 시간을 상실하니 나도 함께 묻혀 갔네.

데니스 라일리는 갑작스러운 아들과의 사별에 대해 『살았던 시간, 흐르지 않는』에서 이렇게 쓴다.

갑작스러운 죽음은 남은 이가 주관적으로 느끼는 시간의 '흐름'에 폭력을 행사해 그 흐름은 막히고 점점 차올라 거대한 저수지가 된다. 이전에는 흘러가는 시간이 선이었다면 이제 공 같은 것이 나를 가두고 있다. 나는 테두리가 없는 거대한 원 안에 산다. 과거 J가 어처구니없이 사라지기 전에 미래는 내 앞에 놓여 있어 내가 마치 갑이나 곶이 바다로 살짝 밀고 나가듯이 그쪽으로 몸을 기울이기만 하면 될 것 같았다. 하지만 지금은 앞으로 열린 느낌이 전혀 없이 현재에 갇혀 있으며, 거대한 컵받침처럼 생긴 땅을 망각의 강 레테의 강둑처럼 거닐고 있다. 마치 지루하고 광활한 평원처럼. 그의 갑작스러운 죽음은 단두대의 칼날처럼 떨어져 내 날들이 내 미래로 흘러가리라는 이전의 예측을 잘라 버렸다. 그 대신 나는 하루하루의 삶을 종이처럼 얇게 느낀다. 실제로 그렇다. 하지만 시간의 흐름에 대한 모든 일상적인 감각이 이렇게 단절되고 나면 앞에는 거대한 공허함이 남는다.

*

우리는 아이들 같다.
속수무책.
친구들은 온갖 방법으로 우리를 도와준다.
친구들은 우리를 구해 주러 온다.

그들은 다정하게 우리를 앞으로 이끈다. 한 순간에서 다음 순간으로.

희미하고 어두운 그 몇 주일.

*

한참 후에 우리는 이해하기 시작했다.

네 아파트에서 나와 경찰을 부를 때 네 친구 N은 열쇠를 깜박했다. 경찰은 뒤늦게 도착하고도 들어가지 못했다. 경찰이 집집마다 벨을 눌렀고, 누군가 인터폰에서 "네." 하고 대답했다.

네 친구 N은 버섯에 취해 있었다. 네 친구 N은 응급 센터에 전화를 걸어 네가 버섯에 취해 있다고 웅얼거리고 어쩌면 네가 동성애자일지 모른다고 말했다. 네 친구 N이 자신과 네 목숨을 염려했다는 정보는 독립 경찰 당국의 보고서에 이렇게 기록되었다.

"중앙 통제실에서 무전 연락이 왔는데 베스테르브로가의 아파트에서 '싸움'이 났으며 거기 두 명 정도 있다고 했습니다. 그리고 무언가 동성애적 관계와 연관되었고 정신 질환이 있는 사람이 관련되었다는 뜻을 비쳤습니다."

"통제실에서는 아파트의 정신 질환자가 주변을 공격하고 있다고, 상황이 혼란스럽다고 했습니다. 전달 사항을 보면 동성애자가 관련되었다는 걸 알 수 있었습니다. 경찰은 출동할 때 사이렌을 울리지 않았습니다. 그들은 사이렌이 필요한 상황이라고 여기지 않았습니다."

결과적으로 경찰이 신고를 받고 도착하기까지 팔 분이 걸렸다. 경찰서에서 베스테르브로가의 주소지까지 500미터다. 도로가 복잡하지 않으면 자동차로 기껏해야 삼 분 거리다.
사고는 코펜하겐의 인구 밀집 지역에서 토요일 저녁에 일어났다. 거리에는 순찰차가 많았다.

그림 경찰에게는 동성애를 언급하는 게 왜 중요했을까? 이 단어가 경찰이 사이렌을 울리지 않고 출동하는 데에 영향을 미쳤을까?

그림 정신 질환이라는 말은 어디에서 끼어들었을까? 이 단어가 경찰이 사이렌을 울리지 않고 출동하는 데에 영향을 미쳤을까?

그림 '동성애'라거나 '정신 질환'이라는 단어가 이미 주변에 있던 순찰차들이 출동하지 않은 이유였을까?

그림 '동성애'라거나 '정신 질환'이라는 것이 네가 죽은 이유였을까?

호모포비아. ('호모'(호모섹슈얼) + 그리스어 '- 포비아') 동성애나 동성애자에 대한 비이성적인 공포나 적대감이나 차별.

차별. 편견을 바탕으로 개인이나 집단을 부정적으로 다르게 대하는 일. 흔히는 성별, 인종, 민족, 나이, 성적 지향이나 신체적, 심리적 장애의 영역에서.

우리는 이해하기 시작한다. 그리고 우리가 이해하는 것은 끔찍하다.

*

나는 경찰 조서를 읽고 부검 결과를 읽는다. 사람들은 내게 이런 보고서를 읽으면서 나 자신을 괴롭히지 말라고 하지. 하지만 나는 광적으로 모든 증언을 읽는다. 나는 골절상과 사인에 대해 읽고, 길에 뿌려진 피에 대해, 네 입에서 흘러나온 피에 대해 읽고, 네 심장이 아직 뛰고 있었다는 말을 읽는다. 나는 경찰 조서와 훼손된 네 죽은 육신에 대한 묘사를 읽는다. 양쪽 다리가 부러졌고, 골반에 골절이 몇 군데 생겼고, 왼쪽 치골도 부러졌고, 뇌에서 출혈이 심했지. **두개저에 커다란 구멍 생겨 뇌 하부가 눌렸다.** 전두골이 부서졌고, 전두엽에 자상이 있었으며, 정수리 부분에는 세로 골절이 생겼다. 나는 목격자들이 네가 "동물처럼 떨어졌다", "인형처럼 떨어졌다", "하늘에서 날아왔다", "떨어지며 큰 소리를 냈다"라고 한 진술을 읽고, 목격자들이 네 발목과 엉덩이와 무릎에서 뼈가 삐져나온 것을 보았다는 진술을 읽는다. 나는 이 모든 것을 읽고 한 번 더 읽는다. 너에게 무슨 일이 있었는지 모든 세부를 다 알고 싶다. 나는 너에게 무슨 일이 있었는지 알아야 해. 물론 알아야지.

너는 내 아이잖니.

*

"만일"이라는 질문에 끌려 다니지 않기는 어렵지만 (N이 칼을 두고 나가지 않았더라면/ N이 아파트에서 나갈 때 열쇠를 잊지 않고 챙겼더라면/ 경찰이 몇 분 일찍 도착했더라면/ 정문에서 인터폰으로 통화했을 때 "네." 하고 답한 사람이 그들을 들여보냈더라면/ 칼을 제압하고 정신 병원 응급실로 데려갔더라면) 그 길은 우리가 따라가야 할 길이 아니다.

우리가 따라가 볼 길은 '동성애'라거나 '정신질환'이라는 단어들이 언급되고 보고에서 비중 있었다는 사실이 N과 칼이 필요한 도움을 받지 못한 데 어느 정도까지 영향을 미쳤는가이다.

그래서 우리는 경찰을 상대로 진정을 한다.
하고, 하고, 또 한다.
매번 반려되지만 또 한다.

아무 데도 도달하지 못한다.

놀랍지도 않다.

우리 측 변호사는 마지막으로 검찰청장에게 진정서를 보낸다.

"공포에 떨고 있는 것이 명백하며 살인의 위험과 자살의 위험이 모두 있다고 언급하는 사람의 전화보다 더 위태로운 상황은 상상하기 어렵습니다.

본 건에서 미흡했던 의사소통은 동성애를 다룰 때의 경찰 당국의 부적절한 문화를 드러내 보이며, 이는 구조 요청의 중요한 부분들이 소실되는 결과를 가져왔습니다.

정신 질환과 환각 약물의 영향 사이에는 분명한 차이가 있으며, 이는 이런 상황에서 출동하는 경찰관들에게 결정적인 정보입니다. 자살의 위험은 그 인물이 장기적으로 우울증을 겪고 있을 때보다 환각 상태인 경우에 훨씬 크고 긴박합니다.

처음에 두 경찰관은 '싸움'과 동성애가 관련된 사태를 수습하라는 임무를 받았습니다. 경찰관들이 처음에 받은 정보는 이 두 가지가 전부입니다. 그들이 받았어야 하는 가장 중요한 정보는 당연히 문제의 인물이 환각 약물의 영향하에 있으며 긴박한 자살 위험이 있다는 것입니다."

이 민원 역시 한 번 더 반려되었다. 검찰청장은 어느 정도 사실을 인정한다. "……그 경우 경찰의 의사소통에 분명성과 정확함이라는 면에서 개선의 여지가 있었다고 생각합니다. 통제실에서 순찰하는 경찰관들에게 연락했을 시점에 자살 위험이 있다고 바로 전달하는 편이 적절했다고 여겨집니다."

칼이 창문에서 뛰어내렸을 때 경찰은 길에 서서 그가 아스팔트에 떨어지는 모습을 보고 있었다. 경찰관들은 잘못이 없다. 그들은 상황의 심각성에 대한 정확한 정보를 제때에 받지 못했을 뿐이다.

분노는 무디고, 한계를 모른다.

*

우리는 서로 손을 잡고 걸어서 사고 현장을 지나간다. 우리는 우리 자신을 사고 현장으로 질질 끌고 간다. 무언가가 우리를 사고 현장으로 끌어낸다. 우리는 네가 살던 건물을 지나고, 네가 뛰어내렸을 때 아스팔트에 떨어진 곳을 보고, 네가 뛰어내린 5층의 창문을 본다. 3월의 추운 날이다.

창문은 대성당처럼 아치가 있고 높다. 창문은 햇빛을 받고, 교통은 소란하고, 어디를 보아도 사람과 개와 자전거가 있다. 우리는 우리 몸 안에 있지 않다. 우리는 덜그럭거리는 빈 조개껍질들이다. 우리는 고개를 들고 그 창문을 올려다본다. 눈을 아래로 돌려 길바닥을, 아스팔트를 본다. 아스팔트의 작은 얼룩을 본다. 우리는 서로를 지탱하며 담벼락으로, 주차된 차들로 향한다. 우리 눈은 바라보고 우리 다리는 걷는데 동시에 우리는 서로를 부축한다. 우리는 모두 몸, 걷는 몸, 보는 몸이다. 우리 안에는 공명도 감정도 없다. 우리는 신체적인 고통만을 느낀다. 어떻게 떨어지고 부딪히는지, 어떻게 육신이 납처럼, 돌처럼 무거운지, 팔과 다리에 어떤 고통이 있는지를. 그리고 우리의 뜨거운 눈이 타는 것을.

데니스 라일리는 이렇게 쓴다.

황량한 평원을 헤매기. 마치 내 눈 뒤편의 물 빠진 벌판이 밖으로 튀어나오기라도 한 것처럼. 아니면 내면과 외면 사이의 문지방에 잠시 진을 치고 있는 자신을 깨닫는다. 우리의 감각과 외부 세계의 접촉은 미미하여 침묵과 소음 사이의 작은 소리에도 공명하는 얇은 막으로만 나뉘어 있다. 그 막의 안쪽은 아무것도 없이 비어 있어 외부 세계가 뚫고 들어오면 외면으로 쏟아질 것이다. 깊은 내면으로 피신하기는커녕 이제 내부라는 건 존재하지 않고, 사람은 외부를 향하는 존재가 된다. 아주 가까운 사람의 자살을 경험한 가까운 친구가 말했다. "나는 내 두개골에 뚫린 두 개의 불타는 눈이었다. 그 뒤에는 공허밖에 없었다."

*

요아킴은 장례식에서 말을 하려고 일어섰다. 스물네 살의 요아킴. 그는 말했다.

칼하고 저는 어릴 때부터 딱 붙어서 함께 살았지요. 베스테르브로에서 한 아파트에 살았던 마지막 순간까지요. 이제 안타깝게도 그 장소를 돌아보면 저주받은 곳으로 여기게 되었습니다. 하지만 저주받은 곳이 아니었어요. 훌륭한 곳이었습니다. 칼이 그곳에 살았으니까요.

*

네 물건을 챙기던, 네 방을 비우던 날.

네 형은 길에서 소리를 지르며 쓰러졌다.

네 아버지는 커다란 급성 다래끼가 나서 병원에 갔다.

나는 입안에 급성 진균증이 생겨 치과에 가야 했다.

급성.

네 빨래.

네 이불.

창문 아래의 벤치에서 바닥으로 떨어진 쿠션.

창문.

창을 통해 들어오던 빛.

*

나는 네 이불을 덮고 잔다.
나는 네 보드랍고 얇은 이불을 덮고 잔다.
나는 아직 네 살결과 네 잠의 냄새를 맡는다.
나는 나 자신에게 말한다. 네가 네 이불 속에 있다고.
나는 말한다. 너도 네 이불 속에 있다고.

나는 말한다. 네가 있다고.

나는 내 말을 믿고, 나는 내 말을 믿지 않는다.

나는 이 순간에만 존재한다.

내가 네 시간에 가까이 갈 수 있는 것은 여기까지다.

내가 그러겠다고 결정한 것이 아니다.

확실한 것은 이것뿐이다.

*

나는 일기에 적었다.

2016년 2월 9일.

어젯밤에도 그랬듯이 때때로 나는 아들의 마지막 십 분이라는 어두움을 뚫고 들어가려 해 본다. 그는 혼자 집에 있었다. 무슨 일이 있었던 걸까? 무엇을 하고 있었을까? 침대에 누워 있었을까, 바닥에 서 있었을까, 친구를 찾았을까? 대체 무엇을 보거나 들었기에 창문에서 뛰어내렸을까? 하지만 나는 뚫고 들어가지 못한다. 당연히 못 한다. 어쩌면 이렇게까지 당연하지는 않은지도 모르지. 언젠가 할 수 있을지 모른다. 그리고 이런 식으로 생각하는 건 미친 짓인지도 모른다.

오늘 나는 역으로 가다가 울음이 터졌다. 내가 갑자기 다시 관을 따라 걷고 있었다. 나는 의자에서 일어났고, 소리가 다 들렸다. 외투가 바스락거리고 의자 다리가 바닥을 긁었다. 산 자들이 스치고 지나가는 소리, 그리고 관이 있었다. 그 뒤를 따라 우리가 어떻게 앞으로 나아갔는지, 어떻게 그 일이 이 세상에서 가장 터무니 없으면서도 가장 중요한 일이라고 느껴졌는지. 너를 눈에서 놓치지 않기. 단 일 초도. 그와 나 사이에 무언가가 끼어들면 발로 차 버리겠다. 관이 땅으로 내려졌을 때 나는 분노하며 자리를 떴다. 나는 도망쳤다. 나는 피했다. 모든 인간을 증오하며. 분노하고, 슬픔으로 제정신이 아닌 채. 나는 이들을 떠나 골목길로 몸을 숨겼다. 나는 울지 않았다. 나는 택시를 불렀다. 택시를 부르는 내 목소리는 차고 기계적이었다. 이 넓고 넓은 세상에서 나에게는 그를 위해 할 수 있는 일이 더는 없다. 나는 첼시의 카페에 앉아 있다. 하늘은 어둡고 별이 없다.

나는 너를 찾아 땅끝까지 갔겠지.

하지만 그것도 충분하지 않았어.

*

친구를 잃고 절망한 길가메시는 대홍수에서 살아남아 신들로부터 영생을 얻은 우트나피쉬팀을 찾아 벌판을 헤맸다. 길가메시도 영생을 원했다. 그는 죽음에 대한 두려움에 질렸다. 길에서 여관 안주인을 만나 길가메시는 자신이 왜 사랑하는 친구 엔키두를 매장할 수 없었는지 이야기한다. 그는 엔키두의 죽음을 인정할 수 없었다. 그와 헤어지지 않으려 했다. 그의 시신과 헤어지지 않으려 했다. 그는 말한다.

(여섯 날 일곱 밤을 나는 그를 생각하며 통곡했지요.)

(매장을 허락하지 않았습니다,)
(그의 코에서 구더기가 한 마리 나올 때까지.)
(나는 공포에 사로잡혔습니다—),
(나는 죽음의 두려움에 떨며 황야를 방황했지요.)
벗의 운명은 나를 괴롭혔습니다,
나는 먼 길을 (헤맸습니다)
엔키두, 내 벗의 운명은 나를 괴롭혔습니다,
나는 황야로 나가 먼 길을 떠돌았습니다.
어떻게 내가 조용히 하고, 어떻게 내가 침착할 수 있겠습니까?
내가 사랑하던 벗이 진흙이 되어 버렸는데요!
엔키두, 내가 사랑하던 벗이 진흙이 되어 버렸는데요!

*

1865년 전 월트 휘트먼은 「라일락이 앞마당에 마지막 피었을 때」라는 시를 썼다. 16연 206행으로 이루어진 애가(엘레지)다.

휘트먼은 이렇게 쓴다.

앞마당에 라일락이 피었을 때
위대한 별이 한밤 서쪽 하늘에서 사라져 갈 때
나는 통곡했다. 그리고 봄이 돌아올 때마다 통곡할 것이니.

끝없이 돌아오는 봄은 어김없이 이 셋을 내게 데려다주네.
해마다 피는 라일락과 서쪽의 희미해지는 별,

그리고 내가 사랑하는 그의 생각.

월트 휘트먼. 네 주머니에 있던 책. 네 증조할아버지의 책. 주머니 안에 있던 책. 네 초록 재킷 안에 있던 책. 이 책을 발견했을 때 내가 느낀 낯선 행복, 네가 죽기 전 그날들에 휘트먼을 읽었다는 걸 알았을 때 내가 느낀 낯선 기쁨. 너는 휘트먼을 접할 수 있었구나. 그것이 어떤 **표징**이었으리라는 낯선 기쁨.

휘트먼이 시에서 말하는 별은 금성이다. 새벽별이며 저녁별인 금성. 사랑의 여신 비너스의 이름을 받은 금성. 구름의 베일 아래에 숨어 희미한 빛을 발산하는 행성. 지구의 자매 행성.

그리고 **라일락, 라일락.**
흰색과 연보라색 꽃의 달콤하고 달콤한 향.

> **엘레지.** 명사. (라틴어 엘레기아(elegīa), 그리스어 엘레게이아(ἐλεγεία)에서 나옴. 엘레게이아는 엘레고스(ἔλεγος)에서 파생.)
> 1) 주로 애처로운 감정을 다룬 그리스식 2행 대구로 이루어진 시.
> 2) 강렬한 개인적인 감정(특히 애도, 그리움)을 표현하는 서정시. 흔히는 감정적인 애가, 애도시.

*

내가 N 앞에 웅크리고 앉아 있는데 마르틴이 말한다. 지금 의사에게 오래. 지금 들어오래. 그래서 마르틴과 나는 칼이 있는 곳에서 복도만 가로지르면 되는 진료실로 들어간다. 의사는 말한다. 네, 아주 슬픈 일입니다. 지금 어디에 있건 칼은 자신이 한 일을 후회할 거예요. 그래서 나는 분노하며 말한다. 칼은 어디에도 없어요. 그리고 아무것도 후회하지 않아요. 의사는 말한다. 칼의 장기 중 혹시 기증하실 게 있는지 이야기를 했으면 합니다. 칼은 이겨 내지 못할 테니까요. 불가능해요. 인공으로 생명을 유지하는 건, 다만 혹시 장기를 기증할 생각이 있으실까 싶어서입니다. 마르틴과 나는 거친 눈으로 서로를 바라보고 말한다. 네, 그러고 싶습니다. 칼은 그러기를 원했을 거예요. 모든 것이 가라앉기 시작하고 나는 묻는다. 칼이 돌아오지 못할 거라는 말씀은 무슨 뜻인가요? 어떻게 확신하시죠? 의사는 답한다. 손상이 너무 큽니다. 희망이 없어요. 추락하면서 너무 골절을 많이 입었지요. 회생은 불가능합니다. 회생은 불가능하다. 작고 갑갑한 진료실이다. 우리는 말한다. 네, 장기 일부를 기증하겠습니다. 아들은 그러기를 원했을 거예요. 하지만 우리는 아무것도 이해가 안 된다. 우리는 대기실로 가고, 나는 마르틴에게 말한다. 우리 아이들이 남은 평생을 이 트라우마를 품고 살아야 한다니 견딜 수 없어. 우리 아버지가 말한다. 브루클린에 전화해야지. 나는 말한다. 내가 할 수 있을까? 못 해. 그래서 아버지가 전화를 건다. 브루클린은 이른 아침이고, 어린 아들들은 내 남편과 함께 있다. 아버지는 전화를 걸고 말한다. 끔찍한 일이 있었어. 칼의 일이다. 더 이상 칼이라고 할 수도 없어. 이건 칼도 아니야. 나는 더 이상 들을 수가 없다. 내 머리에 불이 난다. 나는 그들이 무슨 일이 있었는지 알아야 하고 내 아이들이 이런 잔인한 소식, 이런 미친 소식, 이런 잔인한 소식을 들어야 한다는 걸 견딜 수 없다. 나는 전화를 넘겨받았고, 남편의 목소리가 들린다. 나는 말한다. 칼 일이야. 사실이야. 가능한 한 빨리 와야 해. 지금 와. 나는 말하는 것도 너무나 힘들다. 우리는 밤새 대기실에 앉아 있고, 칼을 보러 간다. 우리는 그의 손을 잡고, 그에게 입을 맞춘다. 나는 말한다. 아가야, 사랑하는 아가야, 카를로, 카를리토. 쌕쌕거리는 소리가 난다. 인공호흡기가 쌕쌕거리고 달그락거린다. 칼은 평소 모습처럼 보이고 칼은 평소 모습처럼 보이지 않는다. 시커멓게 부은 눈, 부서진 모습이 보이지 않도록 천으로 덮은 이마. 우리는 말한다. 대체 무슨 짓을 한 거니? 너 자신에게 무슨 짓을 한 거야?

*

네가 관에 누워 있을 때 거기에는 악마적인 무엇이 있었다. 네 얼굴의 한편은 악마적이었다. 우리는 네가 정신증 삽화를 경험할 때 보았던 악마가 너에게 흔적을 남겼다는 생각을 떨칠 수 없었어. 이 악마들이 너를 지배했을까, **네 영혼**을 삼켜 버리지 않았을까 두려워하기를 멈출 수도 없었고. 우리가 **너**라고 알고 있던 그 무엇을 지워 버리지 않았을까. 이런 허튼 생각. 이런 말도 안 되는 두려움. 광기가 우리 사이에 흘렀고, 우리는 스스로 무기력하고 무지하고 왜소하게 느꼈지. 마치 이해할 수 없고 잔인하고 의미라고는 없는 모든 일은 운명의 여신 포르투나가 한 일이라고 넘겨 버린 고대 그리스인들처럼.

그리고 슬픔.

딸 툴리아를 잃은 키케로의 슬픔과도 같은 그런 슬픔. 툴리아는 기원전 45년 2월, 둘째 아이를 낳고 한 달 후에 세상을 떠났다. **슬픔으로 무너져** 키케로는 몇 달 동안 아스투라 근처의 빌라에 은둔했다. 이 불행은 평생 겪은 다른 무엇보다도 큰 타격이 되었다. 하지만 이 사건은 그에게 문학 창작의 동력도 되었다. 기원전 45년 봄에 벌써 『위로』를 쓰기 시작했다. 이 위로의 글은 안타깝게도 소실되었다. 그리고 단편적으로만 전해지는 『호르텐시우스』라는, 당시에는 흔한 장르이던 각성 문학 또는 훈계 문학 작품을 남겼다. 인간 존재를 완성하는 길로 인도하는 철학으로 독자들의 관심을 돌리는 것이 목적이었다. 그는 고통의 치유를 위해 철학에 투신했다. 그의 문학적 초점은 방향이 완전히 바뀌었다.

이전이 있다.
이후가 있다.

이 두 끝 사이에는

모든 것을 영원히 바꾸는 무엇.

나는 다른 사람이다.

나는 다른 사람이 될 수밖에 없었다.

더 이상 아무것도 낯익지 않다.

아무것도.

바로 이것이 닉 케이브가 다큐멘터리 「감정을 실어서 다시 한 번」(2016)에서 말하고 있는 바다. 그는 열다섯 살인 아들을 나와 똑같은 방식으로 잃었다. 닉 케이브의 아들은 친구와 함께 환각 약물에 취해 절벽에서 뛰어내렸거나 실족하여 떨어졌다. 닉 케이브는 영화에서 이렇게 말한다.

우리 대부분은 사실 달라질 생각이 없다.
내 말은 왜 달라져야 한단 말인가? 우리가 원하는 것은
기본 모델의 미세한 조정 정도다. 우리는 계속
우리 자신이고, 기껏해야 우리의 좀 더 나은 버전이다.
하지만 그렇게 큰 재앙이 일어나고 나서
우리가 달라져 버리면 무슨 일이 벌어지는가?
우리는 아는 사람에서 모르는 사람으로 변한다.
그때 거울을 들여다보면 당신은 이전의 당신을 알아볼 수 있지만 당신 안의 사람은 다른 사람이다.

*

여섯 번째 꿈(2016년 5월 3일)
나는 서적상들 여럿과 함께 차양 밑 그늘에 앉아 있다. 우리 앞에 도로가 있고, 건너편에는 벤치가 있다. 벤치에 칼의 친구 N이 앉아 있다. 햇빛이 비친다. 우리는 푸른 나무에 둘러싸여 있다. 칼이 책을 훔쳐 감옥에 있다고 한다. 서적상 몇은 통화를 하고 있

다. 형량이 얼마나 무거울지 알아보려고 변호사와 경찰과 이야기 중이다. 아주 엄중할 거라고 한다. 그때 칼이 걸어와 친구 N의 옆 벤치에 앉는다. 나는 소리친다. 칼! 나는 소리친다. 이쪽으로 와! 그는 수줍어하는지 부끄러워하는지 땅을 쳐다본다. 그는 머리카락을 밀고 머리를 빙 둘러 빌딩 모양의 문신을 했다. 이리 와! 나는 다시 외친다. 엄마! 내가 소리친다. 내가 **엄마**라고 부른다. 칼은 일어서서 작고 흰 염소가 된다. 염소는 길을 건너 내게로 오고, 나는 귀 뒤를 긁어 주고 털을 쓰다듬는다. 그러자 염소가 **오오** 한다. 그리고 또 말한다. **엄마**. 그러고는 다시 칼이 되고, 나는 그를 안는다. 여기 보세요. 그가 말한다. 맨해튼의 스카이라인이 머리를 두르고 있어요. 실제로 그렇다. 네가 죽지 않았다니 다행이야. 내가 말한다. 아주 무거운 형량이라고 그가 말한다. 나는 그가 감옥에서 공격당하거나 폭행을 당할까 봐 걱정이 된다. 칼은 친구 N에게 돌아간다. 나는 내가 길을 건널 수 없다는 것을 안다. 나는 내가 오랫동안 그를 못 보리라는 것을 안다.

일곱 번째 꿈(2016년 5월 16일)
칼은 춥고 어두운 지하에 갇혔다. 어떤 젊은 남자가 거기에 가두었다. 칼은 다시는 빛을 보지 못할 거라고 한다.

책. 변신. 처벌.
갈림길. 감금.
어두움. 다시는.

*

판. (어원은 불확실한 그리스어) 그리스 신화에 나오는 목신. 로마인들은 파우누스와 동일시했다. 원래 아르카디아에서 숭배하던 신인데 의인화된 (인간과 유사한) 그리스의 신들과 달리 보통 뿔, 수염, 꼬리, 염소의 다리가 있는 모습으로 그려진다. 님프들과 함께 들판이나 숲에서 만날 수 있는 신이며, 그를 만난 인간들은 '극심한 공포'를 경험한다.

자연과 자기 안의 자연에 대한 공포, 외딴곳, 숲의 어두움에 대한 공포, 무엇보다도 '근거를 알 수 없는' 공포는 이 신의 이름을 따라 '패닉'이라고 불린다.

판은 선의도 악의도 없는 장난스러움과 함께 연상될 때가 많다. 판은 순수하게 재미를 위해 짓궂은 장난을 친다고 여겨진다.

그리스 신 중 죽음을 경험한 신은 판뿐이다.

*

장례 후 한 달이 지나고 우리는 브루클린으로 돌아온다. 하루하루가 지나갔고, 하루하루가 허무하고 충격과 슬픔으로 점철되어 있다. 나는 창가에 앉아 하늘을, 구름을 바라본다. 나는 식탁에 앉아 허공을 내다본다. 나는 아무 욕구가 없다. 나는 아무 욕망이 없다. 나는 억지로 먹는다. 나는 억지로 잔다. 저녁이면

잠을 자기 위해서 포도주를 마신다. 취하도록 마신다. 취해서 잠든다. 나는 아무것도 사지 않는다. 내 외모에도, 내 옷에도, 다른 사람들에게 어떤 인상을 주는지에도 관심이 없다. 나는 정말 가까운 이들 외에는 사람들을 피한다. 혼자 있기가 겁난다. 혼자 있으면 미치지 않도록 억제하는 게 아무것도 없다. 제한이 없다. 나 자신을 통제할 수 없다. 나 자신을 통제할 방법이 없다. 아무것도 작동하지 않는다. 혼자 있으면 루틴이 작동하지 않는다. 나는 루틴이 없다. 일에 관련된 어떤 제안도 즉시 거절한다. 나는 일관되게 거절한다. 나는 관심이 없다. 나는 야망이 없다. 오후에는 소파에 누워 있는다. 텔레비전 연속극을 본다. 한 시즌을 보고 다면 다른 시즌을 본다. 저녁까지 소파에 누워 있는다. 나를 위로하는 건 이것뿐이다. 내가 사라지기 때문에 괴로움이 줄어든다. 술에 취하는 것이나 마찬가지다. 진짜 진정제다. 나는 말도 별로 하지 않는다. 절대 필요한 일에만 신경을 쓴다. 생명만 유지한다. 간신히 아이들을 돌본다. 돌보려고 애쓴다. 아이들과 남편과 보내는 시간을 무엇보다도 우선권에 둔다. 저절로 그렇게 된다. 본능이다. 나는 남편과 친구들에게 크게 의존한다. 가끔 친구들에게 간신히 소식을 보낸다. 친구들도 내게 소식을 보낸다. 아이들이 내 생명을 유지시킨다. 간신히 생명만.

루보는 쓴다.

나는 거의 밖에 나가지 않는다. 최소한의 공간에 나 자신을 가두면 너를 다시 현실로 꺼내 올 수 있기라도 하듯이. 네가 이 공간에 나와 함께 살았다는 이유로.

너는 현실에 존재한다

나는 여기 있고

*

장례식에서 네 형은 일어서서 이야기했다. 형은 계속 말했어.

아리스토텔레스는 운명의 역전은 청중에게 공포와 연민을 불러일으킨다고 합니다. 부당하게 난관에 처한 인물에게는 연민을, 이런저런 면에서 우리와 유사한 인물, 우리 같은 사람이 난관에 처하면 공포를 경험하지요. 청중에게 미치는 영향은 강력하고 압도적이어야 하지요. 청중은 카타르시스를, 머리카락을 쭈뼛하게 하는 충격 같은 감정을 경험해야 합니다. 비극과 이 모든 불행한 상황에서 핵심은 이것입니다. 우리는 칼에게 연민을 느낍니다. 그리고 우리 자신도 어쩌면 같은 운명을 맞이할지 모른다는 두려움도 생겨요. 비극이 끝나면 청중은 난관을 피할 수 있는 자신의 능력이 얼마나 제한적인가를 깨달으며 극장을 떠나고, 실패라는 상황에 처한 동료 인간을 멸시하기 전에 한 번 더 생각하게 됩니다. 오늘 우리와 함께 이 공간에 있는 모두가 이 비극에서 교훈을 얻었으면 합니다.

*

우리는 밤새 대기실에 앉아 있고, 칼을 보러 간다. 우리는 그의 손을 잡고, 그에게 입을 맞춘다. 나는 말한다. 아가야, 사랑하는 아가야, 카를로, 카를리토. 쌕쌕거리는 소리가 난다. 인공호흡기가 쌕쌕거리고 달그락거린다. 칼은 평소 모습처럼 보이고 칼은 평소 모습처럼 보이지 않는다. 시커멓게 부은 눈, 부서진 모습이 보이지 않도록 천으로 덮은 이마. 우리는 말한다. 대체 무슨 짓을 한 거니? 너 자신에게 무슨 짓을 한 거야? 그를 덮은 시트를 들치니 부러진 뼈가 발목을 뚫고 나온 것이 보인다. 나는 간호사에게 말한다. 칼은 천식이 있어서 숨을 쉬지 못하는 거라고. 아마 그래서 숨을 못 쉬는 걸 거라고. 호흡이 곤란한지도 모르겠다고. 천식 약을 주어야 한다고. 간호사는 내 손을 잡고 말한다. 그럼 벤토린을 주도록 하지요. 그런데 댁에 가서 좀 쉬시는 게 어떨까요? 카트에는 손으로 짠 가는 팔찌가 든 작은 봉지가 있다. 칼의 것, 병원에 실려 왔을 때 몸에 지니고 있던 유일한 물건으로 손목에서 끊어 낸 것이다. 나는 이렇게 생각한다. 칼은 이 병원에서 태어났고, 간호사가 아이를 데려와 내 팔에 안겨 주었을 때 팔찌를 하고 있었지. 팔찌에는 우리 아이이고, 남아이며, 오후 2시 32분에 태어났다고 쓰여 있었다. 나는 생각한다. 너는 여기서 세상에 왔고 여기서 세상을 떠나는구나. 팔찌 하나를 묶었고 팔찌 하나가 잘려 나가는구나. 나는 그 봉지를 집어 내 주머니에 넣고는 대기실로 돌아간다. 밖은 환하고 일요일 아침 6시가 되어 가 우리는 집으로 간다. 여동생과 나는 집으로 간다. 마르틴도 집으로 간다. 나는 옷을 다 입은 채 여동생네 소파에 누워 한 시간을 자다가 7시에 여동생의 비명을 듣고 깬다. 여동생은 침대에 누워 비명을 지르며 울고 있고, 우리는 어떻게 해야 좋을지 모른 채 비틀거리며 집 안을 걸어다닌다. 여동생은 아무것도 모르고 단잠을 자는 열 살 난 아들을 깨운다. 울면서 무슨 일이 있었는지 이야기해 주는데 아들도 울지만 전혀 이해하지 못한다. 그는 창백하고 얼굴이 변했다. 얼굴에, 그의 얼굴에 충격이 보인다. 충격이 변화시킨 그런 얼굴. 여동생과 나는 택시를 타고 병원으로 돌아간다. 우리는 칼의 곁에 앉아 있다. 마르틴이 도착한다. 그의 아내, 그리고 칼의 동생이 되는 열두 살 난 딸 말루도 온다. 칼의 친구 N과 그의 여자 친구도 온다. 우리 부모님도 오고, 마르틴의 아버지와 나의 큰아들도 온다. 큰아들은 울부짖는다. 울부짖으며 칼의 곁에 서 있다. 바닥으로 쓰러진다. 비명을 지르고 운다. 우리는 그에게 있었던 일을 모두 들려준다. 사람들이 더 온다. 사람이 많이 온다. 가족과 친구, 칼의 친구, 칼의 전 여자 친구 둘이 온다. 대기실은 사람들로 가득하다. 누구는 과일을 사러 가고, 누구는 커피를 사러 간다. 우리는 칼 곁에 앉아 의사가 뇌사를 선언하기를 기다리고 기다린다. 그래야 아래층으로 옮겨 기관을 적출하는 수술을 받을 수 있으니까. 인공호흡기를 끌 수 있으니까. 그가 죽을 수 있으니까. 한 의사가 우리에게 그의 몸에 골절이 얼마나 많았는지 보여 준다. 우리는 모두 복도에 서 있고, 그는 엑스레이 영상을 보여 준다. 우리 집안에 의사가 둘인데 눈에 보이는 게 무엇인지 이해하는 그들은 충격을 받는다. 몸과 머리에 그렇게 골절이 많은 경우를 본 적이 없다. 그들은 그렇게 말한다. 우리는 복도에 서 있고, 의사들은 검사 결과를 알려 준다. 나는 그 영상을 바라본다. 칼의 뼈, 칼의 두개골. 나는 아무것도 이해가 안 되지만 그가 죽으리라는 건

알겠다. 하루가 지나고 사람들이 더 온다. 우리는 아주 여럿이 되었다. 대기실이 가득 찬다. 우리는 신경과 집중 병동으로 옮겼다. 의사들은 우리가 무엇을 기증할지 마르틴에게 묻는다. 신장은 성하다고 한다. 췌장과 한쪽 허파도 사용할 수 있다고 한다. 다른 쪽 허파는 찢어졌지만. 그는 말한다. 심장도 기증하실 건가요? 강하고 젊은 심장이에요. 생각해 보시지요. 그는 말한다. 나는 울고 또 운다. 그의 심장, 그의 심장. 우리는 다시 대기실로 돌아와 칼의 곁에 앉아 있다. 하루가, 하루가, 시간이, 분이, 초가 지나간다. 저녁이 되어 가니 그들은 떠나고 마지막에는 나와 여동생만 기다리고 있다. 우리는 여동생의 첫째 아들 요아킴, 칼의 사촌이며 칼과 형제처럼 함께 자라고 함께 살았던 요아킴이 스페인에서 오기를 기다린다. 그는 스페인에 있어서 더 이른 비행기를 탈 수 없었다. 우리는 요아킴을 기다리고, 마침내 그가 온다. 저녁 10시에 도착한다. N이 함께 있다. 요아킴은 뻣뻣하고 창백한 모습으로 의자에 앉아 있고, 칼을 보러 갈 용기를 내지 못한다. 결국은 간다. 그는 칼에게 가고, 우리는 대기실에 앉아 있다. 그리고 우리는 집에 간다. 제부는 우리에게 포도주를 한 잔 준다. 우리는 쓰러져 잔다. 나는 옷을 입은 채 소파에서 잔다. 어떻게 잠이 오는지 나도 모르겠다. 하지만 내 몸은 잠이 든다. 브루클린의 남편과 두 어린 아들들은 오고 있다. 그들은 비행기에 앉아 있고, 나는 잔다. 나는 다섯 시간을 잔다. 그런데 몸이 격하게 흔들려 잠이 깬다. 6시가 다 되어 간다. 2015년 3월 16일 월요일이다. 나는 생각한다. 심장을 줄 수는 없어. 심장 없이 묻을 수는 없어. 그의 심장을 빼앗을 수는 없다.

*

우리는 바닥에 앉아 있다. 서로 손을 잡고. 우리는 편지 봉투의 뒷면에 쓴다. 이렇게.

무슨 부상?
무슨 검사?
왜 칼은 인공호흡기를 끼고 있지?
그저 장기 이식 때문에?

우리는 이야기하고 싶다

허리나 목이 부러졌을까?
장기가 '손상'되었을까?
뇌
신장이 하나는 작동하는가

간

언제

*

우리는 부엌 탁자에 장의사와 함께 둘러앉아 있다. 우리는 꽤 여럿, 스무 명, 서른 명쯤 된다. 어떤 것들을 신경 써야 하는지 장의사가 우리에게 설명하는 사이 아기는 가끔 울고 가끔 들떠서 웃는다. 장의사는 앞으로 어떤 일이 벌어질지 설명하기 위해 애쓴다. 우리는 이해가 되지 않는다. 종이에 적는다. 이렇게.

칼을 볼 것인가?
      교회?
칼에게 뭘 입힐지? (집에서 가져오기. 누가?)
XL 사이즈의 관. 키가 너무 커서.
할인?

      어디? (묘지)

아기가 웃는다. 아기는 공중에 공을 던지고 웃는다.

*

데니스 라일리는 이렇게 쓴다.

그가 살아 있을 때 나는 그를 저버린 일이 없으며, 지금이라고, '그저 그가 죽었다고 해서' 그럴 생각은 없다. 대체 이게 무슨 이유란 말인가? 나는 언제나 온전히 그와 함께하려 했다. 그리고 앞으로도 그럴 것이다.
(이 신념에서 도출되는 논리: 거기 있기 위해 나도 죽어야 한다.)

대신 죽는 죽음. 한 겹의 검음이 그를 덮쳤다면 내게도 덮쳤다.

그가 의식을 잃은 후의 공허함을 내가 알듯이.

이 상태는 육신이 날로 느끼는 것이며 슬픈 생각을 하거나 '애도'하는 것과는 아무 상관이 없다. 사람을 망치처럼 친다. 무자비하게 몸에 새겨진 앎이다.

*

나는 일기에 적었다.
2016년 1월 27일.
칼을 언제 마지막으로 보았는지 기억이 나지 않는다. 작년 1월 24일이었던가? 2월이었던가? 2월에 내가 덴마크에 있었던가? 그랬던 것 같다. 하지만 우리 둘이 어디에 있는지 확인하기 위해 당시 우리가 주고받은 메일을 다시 읽지는 못하겠다. 해가 내리쬐고 눈이 녹는다. 오늘 아침 나는 명판을 제작할 석공에게서 사진 두 장을 받았다. 내일로 미뤄야겠다. 나비는 아름답다. 벽에는 아직 명판을 붙일 자리가 많다. 예를 들면 내 명판을. 나는 앉아서 울었다. 피부결 같은 차가운 대리석 판 위에 금빛으로 반짝이는 그의 이름을 보고. 검은 혈관이 보이는 잿빛 피부. 죽은 피부. 그의 이름을 보고. 그리고 날짜와 연도. 첫 숫자는 경이롭고 마지막 숫자는 너무나 끔찍해 말로 표현할 수가 없다. 나는 분노와 절망으로 터질 지경이다. 감정은 도움이 되지 않는다. 명판은 묘를 봉인한다. 이제 그는 영원의 일부다.

*

나비. 대리석 표면의 금빛. 므네모시네.

므네모시네. 유럽 전역에서 발견되지만 그리스 여신이기도 하다.

기억의 여신이자 뮤즈들의 어머니. 하지만 동시에 강이다.

하데스에 있는 망각의 강은 레테. 이 강물을 마시면 모든 것을 잊는다.

지상의 삶을 살면서 겪고 깨우친 모든 것이 사라진다.

사라지고, 다시 태어날 때까지 너는 아무것도 느끼지 못하고 헤맨다.

므네모시네를 마시면 다시 태어나는 일은 피하지.

므네모시네는 모든 것을 깨닫는 통찰을 선물한다.

네 삶의 모든 것을 너는 기억하고 이해할 것이고, 그때 쉴 수 있겠지.

낙원에서 영원의 푸른 벌판을 쉬며 즐기렴.

우리는 뱃삯으로 동전 하나를 너에게 주었다

                  우리는 아무것도 믿지 않았지만

너에게 그 동전을 주었다

                  너는 네 이름 속에 산다

*

기원전 300년에서 200년 사이의 유물인 작고 아름다운 금 명판 이야기를 네게 해 주었어야 하는데. 몬텔레오네 디 칼라브리아 근처의 고대 도시 히포니온, 지금은 비보 발렌티아라고 하는 곳에서 1969년에 발견되었지. 오르페우스를 숭배하는 신앙에 대해, 그리고 신접한 이들에게 행복한 내세의 삶을 약속하는 다른 주술들에 대해 네게 이야기해 주었어야 했는데. 오르페우스는 노래와 시의 여신 칼리오페의 아들이었다고 이야기해 주었어야 했는데. 그가 리라를 발명했다고 이야기해 주었어야 했는데. 그 작은 금 명판이 주술과 관련이 있을 수도 있다고 이야기해 주었어야 했는데. 너를 비토 카피알비의 국립 고고학 박물관에 데려가 직접 보게 해 주었어야 했는데. 네가 이 글을 읽었어야 했는데.

이것은 므네모시네의 일이다. 네가 죽어

하데스의 잘 지어진 집으로 떠날 때 오른쪽에 샘물이 있고

그 옆에 희게 빛나는 측백나무가 하나 서 있지.

죽은 영혼이 몸을 씻는 곳.

그 샘물에는 다가가지 마!

그곳을 지나면 므네모시네의 연못에서 흘러나오는

맑은 물이 보일 거야.

지혜로운 파수꾼들이 지키다가 물을 테지,

하데스의 침침한 어둠 속에서 무엇을 찾느냐고.

이렇게 말해. "난 땅의 아들이며, 별이 박힌 하늘의 아들이네.

갈증에 허덕이며 죽어 가고 있으니 어서

므네모시네의 연못에서 맑은 물을 주게."

그럼 그들은 참으로 지하의 여왕과 이야기하고,

므네모시네의 연못에서 네게 마실 물을 줄 거야.

그리고 너는 접신한 다른 이들, 취한 이들과 함께

거룩한 길을 걷게 되겠지.

네가 므네모시네의 맑은 물을 찾아 이 세상으로 돌아오지 않아도 되기를 간절히 바란다. 사람들이 돌고 돌아야 하는 쳇바퀴, 이 소란스러운 무대, 이 무목적한 욕망과 탐욕과 무의미와 억압과 폭력의 장소, 바보짓과 어리석음과 무지와 잔인의 끝없는 반복으로 돌아오지 않기를. 네가 다시 태어나지 않기를, 텅 빈 공허한 눈으로 다시 시작하며 모든 것을 다시 배우고 결국 다시 죽지 않아도 되기를.

잉에르 크리스텐센은 이렇게 쓴다.

저 퍼덕이는 날갯짓은 그저 한 무더기의 광입자,
상상 속의 착각일까?
시간 속으로 사라진 번개처럼 흩어진
어린 시절의 꿈같은 여름날일까?

아니, 이는 빛의 천사. 자신을 므네모시네의 검은 아폴로처럼,
주홍부전나비, 박각시나방이나 호랑나비처럼
색칠할 수 있는.

*

루보는 이렇게 쓴다.

네 이름은 축소할 수 없는 흔적을 남겼다. 네 이름을 부정하기란 불가능해.

    내가 네 이름을 입에 담거나 생각할 때마다 너는 존재한다.

그리고 루보는 이렇게도 쓴다.

네 죽음이 끝났을 때. 그리고 네 죽음은 끝날 것이다. 죽음이 이

야기를 하기 때문에. 네 죽음이 끝났을 때. 그리고 네 죽음은 끝날 것이다. 다른 어느 죽음과 마찬가지로. 다른 모든 것과 마찬가지로.

네 죽음이 끝났을 때. 나도 죽었을 것이다.

언제나 끝난다. 사랑하는 사람이 죽으면.
그들이 살아 있는 동안 당신은 사랑받는다.
사랑받는 동안 당신은 존재한다.

죽음의 공동체.
우리는 우리 육신 안에 혼자다.

*

날것인 슬픔과 애도에 대해 내가 읽은 대부분의 글은 단편적이다. 혼란스럽고, 비예술적이다. 글을 쓰는 이는 때때로 마침표 뒤에 대문자를 사용할 힘도 없다. 때로는 시작한 글 한 토막을 완성할 힘도 없다. 완성이 **불가능하다.** 글은 막히지 않아서 이런 모든 불안정한 형태를 통해 제 무력함을 쏟아놓는다. 글은 진동하는 죽음을 품은 구멍이다. 날것의 슬픔에 대해서는 예술적으로 글을 쓸 수 없다. 어울리는 형식이 없다. **진정한** 무, 생명의 부재에 대해 쓰기. 어떻게? 우리가 아직 모르는 말없는 존재에 대해 글을 쓴다. 어떻게? 감상적이 되지 않으려고 하면 고통이 문장을 문장 한가운데에서 멈추게 한다. 각 행은 부적절하고 어리석게 배치된 단어들을 품고 있으며, 제풀에 갑작스레

끊어진다. 언제나 나를 동반했고 내 삶이었던 언어는 이제 아무것도 하지 못한다. 언어는 숨이 막혀 오고, 땅으로 떨어져 찌그러지고, 사용할 수 없게 된다. 언어의 상복은 추하고 악취를 풍긴다. 이해할 수 없는 무엇을 이해하기란 언어적인 일이 아니다. 이런 깨달음은 상처 입은 동물, 자신이 왜 넘어져서 못 일어나는지 이해하지 못하는 살아 있는 상처 입은 살덩이다. 또한 이는 깊은 어두움 속에서 들리는 멀고 공허한 휘파람, 해독해 낼 수 없는 소리다. 나는 죽음에 천착한다. 다른 어느 것도 가능하지 않기 때문이다. 나는 죽음에 천착한다. 이것이 내 아이에게 현실이기 때문이다. 그는 죽음의 현실 속에 있다. 죽음이 현실이다. 상황이 그렇다. 나는 다시는 그를 보지 못하리라는 것을 인정해야 한다. 그리고 그 사실이 나를 죽이지 못하게 하려면 나는 그 사실을 인정하며 살아야 함을 인정해야 한다. 미완성이며 완전하지 않은 것이 애도의 본질이다. 갑작스럽고 예측이 불가능하다. 멀고 공허한 휘파람을 듣는 상처 입은 동물처럼 누워 있는 시인. 언어가 추하고 악취를 풍기는, 그래서 거부감을 불러일으키는 시인. 글과 언어를 통해 일어설 수 없으며, 글과 언어를 혐오하고 염증을 느끼는 시인. 글과 언어가 죽음 앞에서는 아무 의미가 없음을 일 초 만에 깨닫는 시인. 절대적인 것 앞에서는 아무것도 의미가 없다. 그 충격. 눈앞에서 거두어지는 베일. 한때 모든 것을 의미했던 무엇에 이제는 아무 의미도 없다.

아무. 의미도.

루보는 이렇게 쓴다.

나는 불쾌한 심정으로 단어들을 마주한다

오랫동안 단어들에 가까이 갈 수 없었다

이제 나는 단어들을 듣고, 뱉어 낸다

그리고 그는 이렇게도 쓴다.

나는 삼십 개월 동안 한마디도 할 수 없었다.

*

나는 너를 찾아다니지만 찾을 수 없다.
절대.
불가능하다.
너는 떠나갔으니.
모든 개념은 절망, 착각, 가면극이다.
이해하기 위해 나는 나의 침묵 속으로 가라앉아야 한다.
공허.
묵직한 어두움.
거기에 머무른다. 내 세포 하나하나까지 관통하도록.
그래서 내가 내 안에 품고 다닐 수 있도록.

말라르메는 쓴다.

> 아니 — 나는 포기
> 하지 않을 것이다
> 공허를
> ————
> 아버지 — 나는
> 나를 침범하는
> 공허를 느낀다

루보는 사랑하는 죽은 이에 대해 이렇게 쓴다.

너는 움직인다. 너는 숨 쉰다.

하지만 침묵은 절대적이다.

*

6시가 다 되어 간다. 2015년 3월 16일 월요일이다. 나는 생각한다. 심장을 줄 수는 없어. 심장 없이 묻을 수는 없어. 그의 심장을 빼앗을 수는 없다. 억지로 샤워를 하며 나는 울고 있다. 가장 외롭고 뭉개진 울음이다. 나는 샤워 부스로 들어가고, 샤워기 아래 서서 그의 마지막 잔인한 샤워에 대해 생각한다. 그가 정신증 삽화를 경험하는 중에 했던 샤워, 환각 상태에서 맨몸으로 나온, 마지막 행동으로 이어진 샤워. 나는 샤워를 할 수가 없다. 다시는 샤워를 하지 않겠다. 물은 피부에 마치 바늘처럼, 깨진 유리 조각처럼, 고문처럼 와 닿는다. 거울 속의 나를 바라본다. 내 가슴을 바라보고 내 배를 바라보고 제왕절개의 흔적을 바라본다. 내 가슴을 치고 내 배를 친다. 통제할 수 없이. 이 쓸모 없는 몸. 영원히 그의 출산 흔적을 지닌 몸. 나는 내 몸을 너무 증오해 이 몸이 이미 죽었으면 한다. 이 몸의 소실점을 찾고 싶고, 멈추지 못하고 나를 계속 치고 으르렁거린다. 여동생이 와서 말한다. 옷 입어. 이제 가는 거야. 여동생은 거친 눈으로 나를 바라보며 말한다. 어서 입어. 그리고 손을 내 어깨에 얹는다. 나는 그렇게 한다. 나는 한다. 시키는 대로 한다. 기계적으로. 깨끗한 옷으로 갈아입고, 부엌에 가서 커피를 마시고, 담배를 피운다. 우리는 계속 몸을 떤다. 우리는 택시를 부르고, 여동생과 나는 우리의 모든 아이들이 자란 건물 계단을 내려간다. 나는 여동생네 위층에 산 적이 있고, 이 계단을 보는 것이 힘들다. 칼이 여기서 뛰어다녔는데. 행복하게, 어릴 때, 더 자라서, 졸업한 다음에. 형제들, 사촌들과 함께. 여기는 덴마크에서 그나마 우리 집이라고 할 만한 곳이다. 그가 평생 가장 오래 산 곳. 우리는 계단을 내려가 차에 탄다. 아무것도 보이지 않는다. 모든 것이 번쩍하고 지나가고, 다른 세상에 속한 것 같다. 우리는 보고 싶지도 않다. 서로 손을 잡고, 도착하고, 엘리베이터를 타고 10층으로 올라가 칼을 보러 간다. 어제보다 더 안 좋아 보인다. 더 노랗고 더 밀랍 같다. 간호사는 칼이 밤새 아무 반사도 보이지 않았다고 한다. 나는 그의 팔, 그의 손, 그의 뺨을 만진다. 그의 반쯤 열린 입을 본다. 낯익은 치아, 부드러운 입술, 언제라도 미소를 짓고 말을 할 듯한 입. 그의 바로 옆에서 견디기는 힘이 든다. 우리는 울면서 대기실로 나간다. 우리를 위한 간호사의 부드러움과 따뜻함. 간호사는 내내 우리를 품위 있게 돌본다. 여신처럼 우리를 이끌며 한 시간 한 시간이 지나도록 인도한다. 이 시간들, 이 시간들. 남편과 어린 두 아들이 갑자기 우리 앞에 나타난다. 공항에서 아이들의 삼촌이 데려다주었다. 그들은 갑자기 나이를 먹은 얼굴이다. 열두 살 아들도 나이를 먹은 모습이다. 그의 몸은 똑바로 서기도 힘겹다. 우리는 서로 꼭 끌어안는다. 그들은 칼을 보러 가지만 요한은 가지 못한다. 요한은 몸이 굳은 듯 말도 표정도 없이 의자에 앉아 있다. 나는 그에게 다가가지 못한다. 그는 사라졌다. 그의 얼굴은 잿빛 가면이고, 그는 돌이 되어 버렸다. 다른 이들은 칼을 보러 가고 우리는 공포에 질린 커다란 눈으로 서로를 바라본다. 우리 눈에 죽음이 있다. 공포. 우리는 서로에게 다가가지 못한다. 우리는 대기실에 앉아 있고, 잠시 후 사람들이 속속 도착해 대기실을 채운다. 의자가 충분하지 않다. 우리는 서른 명이다. 마흔 명이다. 몇 명인지 모르겠다. 계속 누군가가 칼을 보러 가고, 계속 누군가가 나온다. 점점 더 지치고 잿빛이고 낯설고 생명이 사라진 모습이 되어. 마치 죽음이 얼굴에 기어들어 흔적을 남기고 늙게 만들기라도 하듯이. 때로는 누구인지 못 알아보겠다. 내 친구, 내 가족, 나는 그들의 얼굴을 바라보는데 그들은 깜박이는 잿빛 섬광으로 변한다. 슬픔은 이렇게 실체를 드러낸다. 슬픔은 이런 모습이다. 마르틴과 나는 의사에게 칼의 신장과 췌장, 기능이 살아 있는 허파를 기증하겠다고 말한다. 그리고 말한다. 심장은 안 돼요. 우리는 몇 가지 서류에 서명을 하고 의사와 함께 복도에 서 있다. 아무것도 이해가 되지 않는다. 재난 상담사가 대기실로 들어오더니 칼의 부모와 형제 외에는 모두 나가 달라고 말한다. 하지만 마르틴은 아니라고, 다들 그대로 있어야 한다고, 이 사람들은 칼의 사람들이라고 말한다. 재난 상담사는 난감해하지만 괜찮다고, 원하시면 그렇게 하자고 한다. 그리고 우리에게 앞으로 어떤 경험을 하게 될지 들려준다. 꽤 오랫동안 모든 것이 비현실적으로 느껴질 거라고, 할 수 있는 일도 별로 없을 거라고. 그리고 그건 괜찮다고, 원래 그런 거라고. 그리고 각자이 사고에 대한 이야기를 어떻게 듣게 되었는지, 우리가 칼과 어떤 관계인지 말해 보자고 하고, 우리는 그렇게 한다. 시간이 많이 걸린다. 그는 앞으로 여섯 달 동안은 "치료를 받으러 다니지" 말라고 한다. 뇌가 먼저 스스로 처리할 기회를 누려야 한다고. 인간의 뇌는 스스로 할 수 있는 게 많다고 말한다. 하지만 N, 이미 정신과 응급실에 다녀온 그에게는 치료가 필요하다고 한다. 사고를 직접 목격했으니까. 그는 추락하는 소리를 듣고 그 모습을 보았다. 그는 도움이 필요하다. 하지만 다른 사람들은 모두 비록 그 장면이 자꾸 떠오르겠지만 그 또한 괜찮다고, 지극히 정상적인 반응이라고, 그런 식으로 뇌가 사건에 익숙해진다고 한다. 재난 상담사는 그렇게 가고, 우리는 공포에 질린 눈으로 서로를 바라본다. 뇌사 판정이 나올 때까지 시간이 많지 않으니 칼에게 작별을 하고 싶으면 지금 하라고 의사가 와서 말한다. 누구부터? 아무도 일어나지 않고, 아무도 작별할 용기가 없다. 막내아들이 일어난다. 자카리아스는 열두 살이다. 그가 들어가겠다고 한다. 그리고 요한을 바라보고 말한다. 같이 가자. 아직 칼을 볼 용기가 없었던 요한은 억지로 일어난다. 아직 용기가 없다. 그렇지만 일어나고, 둘은 칼을 보러 간다. 서로 꼭 붙잡고. 둘은 복도를 따라 짧은 거리를 함께 걸어가 칼의 병실로 들어간다. 세상에서 가장 먼 길, 너무나 이해할 수 없는 몇 걸음이다. 한 번에 두셋만 병실에 들어갈 수 있다. 내 차례가 된다. 나는 울고 또 운다. 요한과 자카리아스가 옆에 앉아 있다. 미동도 없고 아무 소리도 내지 않는다. 밥 말리의 '구원의 노래'가 반복적으로 흘러나온다. 칼이 좋아하던 곡이다. 말리의 마지막 앨범에 실린 마지막 곡이고, 암으로 죽기 전에 마지막으로 녹음한 곡이다. "노래를 부르도록 도와줘요/이 자유의 노래를/내가 가졌던 것은 오직/구원의 노래들." 말리의 목소리와 기타가 전부이고 마치 찬송가처럼 들린다. 아들들은 머리를 숙이고 있다. 나는 점점 사라지는 칼을 바라본다. 점차 사라져 가는 육신, 희미해져 가는 의식. 어느새 거의 시신처럼 보인다. 산소 호흡기가 쌕쌕거리며 그의 육신에 숨을 불어넣고 다시 빼낸다. 흉곽은 기계적으로 오르락내리락한다. 견딜 수 없다. 나는 그의 손을 붙들지만 감당이 안 된다. 나는 뛰쳐나와 복도를 달려가 제일 먼저 만나는 사람에게 안긴다. 어지럽다. 그 사람의 품 안에서 흐느낀다. 어떻게 해야 하나. 어떻게 해야 하지. 할 수 있는 게 없지만 아직 기다려야 한다.

*

네 동생이 열세 살 때 네 죽음에 대해 시를 여럿 썼다. 마지막 시에서는 이렇게 썼어.

새들의 지저귐에 감사하고

나무가 틔운 잎에 감사하기.

나무들과 함께 자라고

새들과 함께 노래하기.

나는 뿌리처럼 끈질겨.

나는 바람처럼 강해.

형이 내게 사는 법을 가르쳐 줬지

형이 아직 여기 살아 있을 때.

지금 형이 여기에서

나를 지켜 주고 있어.

나를 바라보고 있지

내 눈을 통해.

        우리는 서로의 안에 있다

*

내 첫 책인 시집은 1991년에 출간되었어. 네가 아기일 때 썼지.

너를 먹이고 흔들어 재우면서, 너를 알아 가면서, 네가 기어다니고 걸음마를 배울 때 쓴 거야. 그 책에 네가 한 살 때 내가 꾼 꿈 이야기를 하는 시가 있어. 너에 대한 시야. 이런 시지.

나는 잠에서 깨었지만
꿈은 나를 떠나지 않는다
아들이 물에 빠져 죽는데
나는 아들을 살릴 수가 없네
곰의 코처럼 보드라운
그의 갓 생겨난 자아가
맑은 물로 가라앉네

너를 잃는 데 대한 내 불안이었지. 너를 죽음에서 구할 수 없다는 무력감이 담겼어. 너무나 압도적인 불안감. 일어날 수 있는 가장 나쁜 일, 네가 사라질지 모른다는 것이지.

네가 열여섯 살 때 나는 죽음에 대한 시를 두 편 썼어.

죽음이 너에게서 무언가를 앗아갔다면
그것을 돌려주렴
죽은 이에게서 네가
받은 걸 돌려주렴
그가 살아 있었을 때,
그가 너의 심장이었을 때 그에게서 받은 걸
장미에게, 대륙에게,

겨울날에게,
모자가 드리운 그림자 속에서
너를 쳐다보는 소년에게 돌려주렴

죽음이 너에게서 무언가를 앗아갔다면
그것을 돌려주렴
죽은 이에게서 네가
받은 걸 돌려주렴
너희가 비를 맞을 때 눈을 맞을 때
햇빛을 쬘 때 그가 살아 있어
마치 네가 더 이상 기억하지 못하는 무엇,
그 역시 잊어버린 그 무엇을
물으려는 듯
그 얼굴을 너에게 향했던 그때.
그것은
영원
영원히 먼 옛적

모자 아래 숨어 있는 건 너였지. 나는 이 두 편의 시를 쓰면서 네 생각을 많이 했다. 네가 앞에 **보였어**. 이유는 몰랐고, 묻지도 않았다. 이 시들은 마치 너에게서 무언가가, 내가 이해할 수도 없는 무언가가 나에게 오듯이 그렇게 나에게로 온 거야. 내가 죽음에 대해 두 편의 시를 썼다는 것, 어떻게 보면 네가 나에게 이런 이미지들을 **주었다**는 것, 또는 네 **존재와** 관련된 무엇이 이 시들을 쓰게 만들었다는 것만 알았지. 햇빛, 비, 눈. 네 얼굴은 무언가를 물으려는 듯 나를 향한다.

나는 네 장례식에서 이 두 편의 시를 낭독했어. 네가 한 살일 때 나는 이미 꿈속에서 네가 죽어 나를 떠나리라는 징조를 보았다는 것을 깨달았다. 네가 열여섯 살일 때는 이미 네가 죽음의 어두운 모자 속에 숨어 있는 것을 알았고. 네 생명의 자리를 차지할 영원을 내가 이미 예측했다는 것. 내가 지금 견디고 살아야 하는, 너를 삼켜 버린 영원을. 마치 네가 5층에서 떨어져 죽기 바로 전에 네가 추락하는 꿈을 꾼 것처럼.

하지만 징조와 경고는 구체적인 사건에서 실현되기 전까지 해석할 수 없다. 나중에 되돌아보면서야 이해하지. 그래서 경고는 그저 표현될 수밖에 없는 거야. 언어로, 시로. 경고는 **표현할 수 있는** 경험이며 미래에 속하지만 **현실에서는** 아직 경험되지 않았다. 시는 때로 이런 기능을 한다. 이것이 시의 가장 아름다운 특성 중 하나다. 그래서 시는 위험하고 불길하다. 이해할 수도, 현실의 무엇과 연관 지을 수도 없는 무엇을 안다는 예감. 마치 시가 존재함으로써 우리가 시간 축에서 자유롭게 움직일 수 있다는 듯이. 마치 글을 쓰는 동안 순차적인 시간은 사라지고 짧고 신비한 순간에 미래의 한 끝자락이 눈에 보인다는 듯이.

하지만 시는 죽은 이들이 생전에 우리에게 준 것을 돌려주는 데에 관해서도 이야기한다. 죽은 이들의 존재가 말하자면 아직도 삶에서 자리를 필요로 한다는 것, 우리는 그들이 준 사랑을 전해야 한다는 것. 여기에 희망이 있다. 내가 나눌 수 있다면 네가 나에게 준 것이 다른 이들 안에서 자라리라는 희망. 그리고 내 사랑은 이제 네 사랑을 담았기 때문에 힘을 얻고 아름다워졌다는 것. 슬픔으로 인해 이것이 파괴되어서는 안 된다. 이 시에서는 "돌려주렴"이라고 말한다. 마치 앞으로 나아가고 다시 돌아오듯이. 산 자에게서 산 자에게로. 그리고 산 자에게서 죽은 자에게로. 순환하는 움직임. 직선적이 아니라.

그럼에도 이 시들은 여기 담긴 예언에 대한 분노와 폭력적 증오로 나를 가득 채운다. 무력한 분노다. 내가 어린 시절에 경험한 분노를 떠올리게 하는 분노. 아이들이 제가 맞서고 있는 힘들(어른들과 그들의 이해할 수 없는 행동과 거절)을 이해하지 못하듯이 남은 이들은 죽음을 이해하지 못한다. 하지만 할 수 있는 게 없다. 얼마든지 분노할 수 있지만 아무것도 달라지지 않는다. 어른이 결정하고, 죽음이 결정한다. 사랑의 상실을 피할 수 없다. 어른으로부터, 죽은 이로부터. 힘겹고 화가 나고 절망하겠지만 아이들과 남은 이들은 평생 싸워 나가야 하고, 상실감의 바탕인 사랑이 상실 자체보다 크기를, 또한 그 사랑이 사랑과 공감을 만들어 내기를 희망해야 한다.

심장, 장미, 겨울날. 맑은 물에 빠져 죽는 소년.

이 세상의 아름다움과 잔인함. 사랑의 힘.

*

요아킴은 장례식에서 일어서서 말했다. 그는 계속 말을 이었다.

칼은 훌륭한 생각과 아이디어가 많았지만 공동체와 관련해 가장 열심이었지요. 칼이 죽은 후로 저는 애도하는 작은 그룹과 함께 지내고 있습니다. 이 그룹은 매일매일을 함께해요. 함께 살고, 함께 먹고 마시고 담배를 피우지요. 이 애도 그룹에서 가장 역설적인 부분은 칼의 죽음으로 그가 그토록 간절히 원했던 이 공동체가 만들어졌다는 점입니다. 가족과 친구들이 하나의 유기체로 합쳐졌는데, 칼이 보았더라면 미칠 듯이 기뻐했을 거예요. 그런데 보지 못했지요. 하지만 우리는 그의 정신과 함께 살아갈 거예요. 그리고 우리는 이를 잊으면 안 됩니다. 삶은 너무나 짧아요.

애도 그룹: 너를 사랑한 사람,
너를 사랑하는 사람 모두.
그리고 우리를 사랑하는 사람들.

*

우리는 사람들이 그래도 일 년 동안 검은 상장을 착용했으면 한다.

사람들이 일 년 동안 상복을 입으면 좋겠다.

우리의 표시가 가시적이어서 다른 사람들이 보면 좋겠다.

여전히 의례가 존재하기를 바란다.

그래서 우리 친구들은 의식을 만든다.

그래서 우리 친구들은 매일 저녁 우리와 함께 식사한다.

그래서 우리 친구들은 매일 아침 우리에게 전화한다.

그래서 우리 친구들은 우리 아이들을 돌본다.

그래서 우리 친구들은 아무 일도 안 생기는데 하루 종일 우리와 함께 앉아 있는다.

그래서 우리 친구들은 아무 일도 안 생기는데 우리의 생명을 유지한다.

불타는 고통만 느낄 뿐이다.

멈추어진 시간 속에서 불타는 듯한 고통.

우리 친구들은 조심스레 피 흐르는 상처를 닦는다.

의례적으로 매일 닦는다.

보이지 않는 우리의 상흔을.

죽음만큼 절대적인 공동체.
유일한 가능성인 공동체.

*

나중에 나는 혼자 있는 법을 배운다. 나중에 나는 혼자 있고 싶다. 혼자 있을 때 나는 종일 텔레비전 연속극을 본다. 아니면 목적지 없이 온종일 시내를, 공원을 돌아다닌다. 돌고 또 돈다. 내가 보는 어떤 것도 내게 인상을 남기지 않고, 내가 보는 어떤 것도 내게 기쁨을 주지 않는다. 나는 나무를, 사람을 보고 그저 확인한다. 나무구나. 사람이구나. 아무것도 나를 뚫고 들어오지 못하고 아무것도 내게 인상을 남기지 못하고 내게 관심거리가 되지 못한다. 의사는 예약을 하고 진료를 받으러 오라고 한다. 나는 하지 않는다. 의사는 다시 내게 전화를 걸어, 예약해야 한다고 되풀이해 말한다. 그래서 나는 예약을 한다. 문을 열고 들어서자 의사는 말한다. **아시죠. 사람이 경험할 수 있는 가장 힘든 일이 아이를 잃는 거예요.** 나는 웃기 시작한다. 의사는 내게 술을 줄이라고, 하지만 지금 끊지는 말라고 한다. 원한다면 대신 먹을 수 있는 약을 주겠다고 한다. 나는 약이 필요 없다고 말한다. 나는 내 음주에 아무 관심이 없다고 말한다. 의사는 말한다. 애도 상담사와 예약을 잡으시는 게 좋겠어요. 나는 하지 않는다. 의사는 또 전화를 걸어 애도 상담사와 예약을 잡으라고 한다. 나는 전철을 타고 애도 상담사에게 간다. 세 번, 나는 전철을 타고 애도 상담사에게 간다. 아무 차이가 없다. 상담사는 내게 설문지에 답하라고 한다. 내 답을 읽더니 내게 "복합적 애도"의 증상이 없다고 한다. 그리고 말한다. 당신의 슬픔은 정상이에요. 내가 보기에 설문지는 대단히 미국스럽다.
나중에 나는 복싱을 시작했다. 일주일에 세 번 복싱을 하러 간다. 힘껏 치고 힘껏 찬다. 기술을 단련한다. 나는 이전의 어느 시기보다 복싱을 잘한다. 내 몸은 강인해진다. 나 자신이라는 미지의 두려운 불확실성에 두꺼운 껍질을 씌운다.

데니스 라일리는 이렇게 쓴다.

그녀의 변화한 비-시간 감각 속에 사는 것은 전과 같은 '자아'가 아니라 변형된 인간이다. 그리고 나는 그녀가 앞으로 어떤 사람이 될지 모르겠다. 한때 글쓰기가 형태를 만들고 다듬는 단순한 작업이었다면 이제 모든 재주가 아이가 죽었다는 사실 앞에서 산산이 부서졌다.

*

나는 일기에 적었다.
2016년 2월 28일.
처음으로 봄다운 봄날. 강한 햇살이 잔혹하고 무자비한 날 것으로 여겨진다. 네가 죽고 며칠이 지나 우리가 우리를 거리로 끌고 나왔을 때 — 늙은이처럼 느릿느릿하게, 휘청거리는 걸음걸이로 — 우리는 봄을 저주했고 우리 몸의 모든 섬유가 봄을 증오했다. 모든 행복한 젊은이를 보는 것이 역겹고 견딜 수 없었다. 우리는 피가 나도록 입술을 깨물었다. 분노와 공포로 우리 턱이 돌처럼 딱딱하게 굳었다.
나는 커다란 사랑을 품고 네 생각을 한다. 조만간 나는 책을 쓰기 시작할 거야.
어제, 네 아버지가 나에게 이런 메시지를 보냈다. **나는 어두움 속에 있어.**

말라르메는 쓴다.

> 더 이상 삶이 없는
> ―
> 나
> 　　그리고 나는 느낀다
> 내가 무덤에
> 네 곁에 누워 있다

*

나는 일기에 쓴다.
2016년 3월 1일.
이제 3월이다. 네가 사라진 달의 첫날.

2010년 12월 7일에 너는 내게 이렇게 썼다.

엄마, 언제 스카이프나 다른 걸로 통화할까요?
너무 보고 싶어서 18일까지 못 기다리겠어요.

12월 18일은 왔고, 너는 우리를 보러 왔지. 네 동생 둘과 함께 우리가 뉴욕으로 이주했을 때 너는 겨우 열여덟 살이었다. 너는 같이 가고 싶어 하지 않았어. 고등학교를 막 졸업했을 때였고, 떠나서 여행을 하고 싶었지. 혼자서 해내고 싶어 했어. 자신이 있었고, **다 자랐지.**
네게 같이 가자고 고집하지 않은 걸 얼마나 자주 후회했는지 모른다. 너는 나중에 와서 이 년쯤 우리와 함께 살았다. **귀한 시간.** 우리가 함께 지낸 시간. 네가 누린 시간. **네 삶.**

누군가를 애도하며 그제야 가치를 깨닫게 되는 일이란. 너무나 짧았던 삶.

어쩔 수 없이 우리를 떠나 덴마크로 돌아갈 때마다 너는 공항으로 가는 길에 내내 울었다.

네가 마지막으로 덴마크로 여행한 것은 2015년 새해가 지나고 며칠 후였다. 너는 작별하는 법을 배웠다고 했다. 공항으로 가는 길에 더 이상 울지 않았지. 우리는 택시를 타고 가는 네게 손을 흔들었어. 자동차가 더 이상 보이지 않을 때까지 손을 흔들며 길에 서 있었다.

우리 집으로 올라가는 엘리베이터를 탈 때면 층마다 울리는 작은 종소리를 들으면서 네가 마지막으로 우리를 방문했을 때를 떠올리게 돼. 나는 현관에 서서 네가 올라오는 소리를 듣고 있었지. 너무나 조바심이 났어. 어서 보고 싶었거든. 땡. 땡. 기다리는 시간은 영원 같았어. 그리고 네 빛나는 미소가 보였고, 내 안에서는 기쁨이 터져 올랐어. 네가 왔다.

오늘 나는 글을 쓰기 시작한다. 파일 이름을 칼의 책이라고 붙였어. 한 쪽보다 조금 더 썼다.

*

희미하고 어두운 그 몇 주일.

나는 내 사랑의 곁을 지킨다.

그의 따뜻한 손.

그의 목소리, 그의 존재.

손, 목소리, 존재.

내 몸이 친숙하고 안전하다고 인정하는

유일한 것.

유일한.

그.

유일한.

내 사랑.

그것은 내 슬픔만큼 크다.
우리 둘이 어두운 구석에서 상자와 삐걱거리는 의자에 딱 붙어 앉아 이야기를 나누고 포도주를 마시던 그 저녁들. 너와 나. 슬픔의 구석에 있는 너와 나. 우리는 불을 켜지 않았어. 낡은 정원 가구와 낙엽 자루에 둘러싸여 집 안의 허름한 구석에 앉고 싶었고 어두움을 원했다. 우리는 울었고, 우리 아들 이야기를 했지. 다른 아이들에 대해서도 이야기했고, 우리 삶에 대해 이야기했다. 우리는 우리 삶이 어떻게 바뀌었는지 이야기했다. 우리는 서로의 손을 잡았다. 그렇게 첫해를 지냈다. 나는 네 숨소리에 귀를 기울였다.

나는 너와 함께 숨을 쉰다.

너는 나와 함께 숨을 쉰다.

*

2016년 9월 22일이고, 나는 이렇게 쓴다.

시간이 정지된 그때, 그 새로운 시간, **바로 지금** 존재하는 유일한 순간만으로 구성된 그 시간에 미래를 위한 계획은 세울 수 없다. 전혀. 거의 일 년하고 절반이 지났다. **비-시간.**

계획을 세울 수 없으면 미래를 상상할 수 없다. 아무것도 상상할 수 없다. 상상력이 작동하지 않는데 글을 쓸 수는 없다. 글을 쓰는 것을 **상상하는** 것이다. 글을 쓰는 것은 시간을 가로질러 글쓰기를 통해 여행하는 것이다. 시간을 **창조하는** 것이다. 현재의 시간, 과거의 시간, 미래의 시간. 소설을 쓴다는 것은 시간의 흐름 안에 이미지와 구조, 사건과 감정을 만들어 내는 것이다. 시간 안에 배열하여. 시간은 하나의 요인, 구성하는 힘이다. 시간은 상상된 것들을 모두 연결한다. 하지만 지금은 그러지 못한다. 나는 이 비-시간 외의 어느 것에 대해서도 글을 쓸 수 없다. 나는 미래에 대해 글을 쓰는 나를 상상할 수 없다. 미래의 이것저것에 대해 글을 쓸 아이디어가 있던 자리에 지금은 침묵만 있다. 움직임이 없다. 죽음의 침묵뿐이다. 우리는 죽음의 침묵을 죽은 이들과 공유한다. 그렇게 우리는 죽은 이와 같은 처지에 놓인다. 우리는 여기 있다. 하지만 우리는 동시에 죽은 이와 함께 있다. 전혀 어렵지 않다. 그냥 저절로 벌어지는 일이다.

이 죽음과 같은 침묵의 순간에 살 수 있다. 기능할 수 있다. 매우 긴박한 일을 하고, 자신과 아이들의 생존을 유지할 수 있다. 돈을 벌고 장을 보고 요리하고 빨래를 할 수 있다. 웃을 수 있다. 즐거운 시간을 보낼 수 있다. 충격은 더 이상 우리가 경험하는 모든 순간을 통제하지 않는다. 더는 아무 의미가 없어 보이는 것이 많다. 우리가 피하는 것도 많다. 파티. 한담. 전에는 '그렇게 하는 것이니까' 또는 이게 '경력에', '네트워킹에', '앞날에' 도움이 되니까 시도했던 프로젝트들, '흥미로울' 법한 프로젝트들을 지금은 단박에 거절한다. 우리는 이런 프로젝트를 할 수 없다. 우리의 거절은 극적이지도 우울하지도 않고 전혀 감정적이지도 않다. 고통스럽지도 않다. 고요한 마음으로, 목소리를 낮추어 창백하게, 우리는 거절한다.

*

2014년에 네가 새뮤얼 바버의 「현을 위한 아다지오」에 대해 쓴 메모를 찾았어. 1936년에 쓴 곡이지. 이 곡은 동일한 멜로디를 중심으로 선회해서 멜로디가 마치 계단을 오르내리듯이 상승했다가 다시 하강한다. 활이나 아치처럼. 그러고는 긴 휴지가 따르고 다시 선율로 되돌아가는데, 그 선율은 완전히 멈추고 하나의 긴 음이 울리며 마무리되는 거야. 바버가 이 곡에서 시간을 사용한 방식이 곡의 성격을 결정짓지. 곡에서는 줄곧 빠르기를 바꾸어 기본 리듬을 변형시켜. 예를 들면 2분의 4박자, 2분의 5박자, 2분의 6박자, 3분의 2박자로. 박자는 미세하게 빨라졌다가 느려진다. 단순한 기본 선율, 반복되는 음형과 패턴은 감지하기 어려울 만큼 조금씩 변하지. 나는 그 곡을 듣는다.

그리고 네가 어떻게 그 곡을 느꼈을지 생각해 본다. 한편 나는 시에서는 어떻게 형식들을 사용하는지, 이 형식들을 사용함으로써 소재를 발전시키는지, 전체 작품을 형성하는 서로 다른 음계와 조성 사이에서 섬세하게 균형을 찾는지 생각해 본다. 너는 이렇게 썼다.

현을 위한 아디지오. 과정:

>   죽음, 재탄생
>   장애물 극복하기
>   인생 — 어린 시절
>   한 단계에서 다른 단계로의 초월
>   사랑
>   사고 후 해안에서
>   신세계의 아름다움

*

나는 매일 아이들을 생각한다. 늘 그래 왔다. 그중 하나가 죽었다고 해서 그 아이 생각을 덜 하지는 않는다. 오히려 그 아이 생각을 그만큼 더 해야 한다는 절박감을 느낀다. **그가 있는 그곳을 향해야 한다는 절박감을 느낀다. 그러니까 죽음, 비-시간을 향해야 한다고 느낀다.** 그러니까 내 다른 아이들이 있는 곳, 즉 순차적인 시간과 반대 방향으로.

나는 내 아이들 사이에 구별을 두지 않는다. 나는 모두 똑같이 사랑한다. 아이가 여럿이면 자동으로 **민주적인 사랑**을 경험하게 된다. 한 아이가 죽었다고 내가 민주적인 사랑을 포기한다는 뜻은 아니다. 내 사랑은 똑같다. 내 사랑은 언제나 똑같을 것이다.

죽은 아이를 생각한다. 그의 시간과 그의 삶은 내 안에 들어와 있다. 나는 그를 낳았다. 나는 그의 죽음을 견뎌야 한다. 나는 암사자처럼 계속 그를 위해 싸울 것이다. 아무도 그에게 부당한 일을 하면 안 된다. 아무도 그를 잊으면 안 된다. 내가 살아 있는 한, 나는 지금도 그를 지킨다. 나는 살아 있는 아이들을 속속들이 알듯이 그를 잘 안다.
이것은 지극히 신체적인 느낌이다.

그는 내 안에 있다.

그는 내 몸 안에 있다.

나는 그의 존재를 내 안에 품고 있다.

나는 그를 내 몸 안에 품고 있다.

그가 내 뱃속에 있었을 때처럼.

하지만 이제 나는 **그의 삶 전체**를 품고 있다.

나는 네 삶 전체를 품고 있다.

*

말리의 목소리와 기타가 전부이고 마치 찬송가처럼 들린다. 아들들은 머리를 숙이고 있다. 나는 점점 사라지는 칼을 바라본다. 점차로 사라져 가는 육신, 희미해져 가는 의식. 어느새 거의 시신처럼 보인다. 산소 호흡기가 쌕쌕거리며 그의 육신에 숨을 불어넣고 다시 빼낸다. 흉곽은 기계적으로 오르락내리락한다. 견딜 수 없다. 나는 그의 손을 붙들지만 감당이 안 된다. 나는 뛰쳐나와 복도를 달려가 제일 먼저 만나는 사람에게 안긴다. 어지럽다. 그 사람의 품 안에서 흐느낀다. 어떻게 해야 하나. 어떻게 해야 하지. 할 수 있는 게 없지만 아직 기다려야 한다. 우리는 기다린다. 우리는 기다린다. 그들은 이제 뇌사 판정을 내려도 되는지 확인하기 위해 칼을 데려 간다. 밖에는 태양이 빛나고, 우리는 내려가 매점에서 커피를 산다. 우리는 햇빛이 비치는 밖에 앉아 있다. 사람들이 더 온다. 친구, 직장 동료. 우리는 커피를 마시고, 눈을 감고 햇빛을 쬔다. 안도의 한순간, 대화, 짧은 웃음. 어떻게 웃을 수 있지? 우리는 다시 위로 올라가 대기실에 앉는다. 의사가 들어오는데 불편해 보인다. 다 오셨나요? 그가 묻는다. 아니요, 마르틴이 없어요. 마르틴은 어디 있죠? 아직 밖에 있어요. 가서 모시고 오세요. 의사가 말한다. 누군가가 마르틴을 찾으러 간다. 시간이 무한히 걸린다. 그는 차를 옮겨야 했다고 한다. 뭔가 주차에 문제가 있었다. 결국 그가 오고 우리는 모두 모였다. 꽤 수가 많다. 의사가 다시 들어온다. 그는 일어서서 말한다. 오후 3시 45분, 칼 에밀 회를린 아이트는 뇌사 판정을 받았습니다. 의사의 눈에 눈물이 맺혔다. 정말 안타깝습니다. 그가 말한다. 나는 비명을 지르기 시작한다. 거칠고 통제되지 않은 비명. 나는 울음이 터진다. 그 순간 모든 것이 산산조각이 난다. 누군가가 나를 붙잡고 있다. 나는 일어섰지만 금방이라도 쓰러질 듯하다. 모든 것이 산산조각이 난다. 이제 그들이 칼을 데려가고, 그는 수술을 기다리고 있다. 우는 사람이 여럿이다. 마르틴의 얼굴은 창백하고 굳었다. 남편의 얼굴에 금이 가고, 어머니의, 여동생의, 아이들의 얼굴이, 모든 것이 부서진다. 마치 지금까지 희망이 있었다는 듯이. 하지만 우리는 희망이 없다는 걸 이미 알고 있었다. 그럼에도 그가 숨을 쉬고 있는 것과 누군가가 인공호흡기를 끈 것 사이에는 차이는 너무나 크고, 본질적으로 다르다. 삶과 죽음의 차이다. 의사는 마르틴과 나를 다시 복도로 부른다. 그는 묻는다. 여쭙고 싶은 것이 있는데요. 그는 묻는다. 피부도 기증하는 생각을 해 보셨나요? 무릎은요? 나는 말한다. 무릎이라고요? 무릎을 잘라 내실 건가요? 살갗을 벗기실 거예요? 의사는 말한다. 아닙니다. 무릎을 잘라 내는 게 아니에요. 살갗을 벗기는 것도 아니고요. 그리고 의사는 미소를 짓는다. 무릎에서 반월판을 꺼내고, 화상 치료에 사용할 피부를 약간 잘라 내지요. 마르틴과 나는 말한다. 아니요. 피부와 무릎은 기증하지 않겠습니다. 그의 몸에서 더는 빼내지 마세요. 알겠습니다. 의사가 말한다. 괜찮아요. 지금은 피부가 크게 부족한 것도 아니니까요. 그리고 그는 간다. 우리는 대기실로 돌아온다. 지금은 여기에서 할 수 있는 일이 없다. 칼은 수술을 받을 것이고, 인공호흡기는 꺼진다. 그러고 나서 밤새도록 혼자 '여섯 시간 방'이라고 불리는 곳에 머무르게 된다. 그의 시신은 어두운 방에 밤새 혼자 누워 있을 것이다. 생각만 해도 고통스럽다. 나는 그 곁에 있고 싶다. 우리는 그 곁에 있고 싶지만 그럴 수 없다. 우리는 들어가면 안 된다. 내일 그는 법의학과로 옮겨 부검을 받을 것이다. 먼저 시신을 갈라 장기를 적출하고 다시 꿰맬 것이다. 그리고 다시 부검을 위해 가르고 또 꿰맬 것이다. 이 몸, 내 아이의 몸은 그렇게 많은 일, 그렇게 많은 폭력을 겪을 것이다. 이미 심하게 손상된 그의 몸은 더 심하게 훼손되고 훼손될 것이다. 우리는 물건을 챙겨 간다. 우리는 간다. 병원을 떠난다. 우리는 꽤 여럿이고, 한 발씩 간신히 걸음을 옮긴다. 우리는 햇빛 속으로 걸어 나가 칼에게서 떠나간다.

2015년 3월 16일이다. 칼이 죽었다.

감사의 말

우리가 그 여섯 주를 살아남을 수 있게 해 준
리네 크누트손에게 진심으로 감사한다.
원고 편집을 참을성 있게 도와준
편집자 시몬 파스테르나크에게 감사한다.
이 책을 쓰기 전, 쓰는 동안, 쓴 이후에 나를 돕고,
재워 주고, 나와 말과 글을 나눈 모두에게 감사한다.

이분들에게 특별한 감사를 드린다.

우리 가족 모두
애도 그룹
메테 모스트루프
미케 추
피아 욜
헬레 헬레
야콥 판 토른부르
르네 장 옌센
하랄 보트만

아네르스 아빌고르

디테 채노

페르닐레 피셰르 크리스텐센

킴 폽스 오케손

니콜 카니

제이슨 슈어

마르틴 라르센

시네 플람베크

드니스 뉴먼

수재나 니드

민디 골드스타인

마리아 빈테르베리

미아 스텐스고르

룰라 포르크하메르

슈키 포이겔

메테 모르텐센

닐스 그로툼 쇠렌센

투 쇠우쇠

유디타 프라이스

예르겐 헤르만 몬라드

옮긴이의 말

평화로운 토요일 밤에 생각지 못한 사고로 젊은 아들을 잃은 나야 마리 아이트는 이 책에서 그날을 반복적으로 회상합니다. "대체 토요일 저녁에 누가 우리에게 전화를 하겠는가."라고 하지만 그 전화는 모든 것을 달라지게 합니다. 문단 전체는 반복되며 확장되고 아들과의 기억들, 그날 이후의 사건들과 함께 엮여 나갑니다. 장면 장면의 묘사는 빈말은 하나도 없는, 당사자인 어머니의 비명으로 들립니다.

> 나는 아무것도 믿지 않는다, 천국도 지옥도 하느님도 치유도 전생도, 나는 이 모든 어리석은 개념에 침을 뱉는다, 나는 지옥도 업보도 내세도 환생도 믿지 않는다, 이 모두에 침을 뱉는다, 지극한 경멸을 담아 분노한다, 운명도 점성술도 망자와의 재회도 유령도 천사도 믿지 않는다, 이 모든 것에 구토하고, 이 모든 것에 꺼지라고 욕을 한다, 삶과 죽음, 삶과 죽음만이 있을 뿐이다, 내가 믿는 것은 작별해야 하는 죽은 육신을 돌볼 때의 다정함뿐이다, 공동체(70쪽)

대문자의 외침을 그대로 옮길 수 없어 안타까운 일입니다. 마찬가지로 문장 부호가 없는 단락도 있고 활자도 여러 가지가 사용되었는데, 마침표로 끊어지는 문장과 쉼표로 이어지는 문장은 각각 종결 어미와 연결 어미를 사용함으로써 그 느낌을 옮겨 보았습니다.

인용문과 여러 시간대의 사건들, 사전 항목의 형식을 빌린 개념 정의가 번갈아 구성된 이 책은 충격에 대한 반응으로 이런 형태를 취했습니다. 저자는 한 인터뷰에서 아들을 잃고 처음에는 전혀 글을 쓸 수 없었기 때문에 글을 모아서 엮듯이 이 책을 썼다고 합니다. 하고 싶은 말을 노래나 속담에 실어 보낼 때처럼 고대 메소포타미아부터 동시대까지의 여러 글을 빌려 깊은 슬픔을 표현합니다.

사실 저는 죽음을 저녁에 졸린 것만큼 자연스러운 일이라고 생각했고 지금도 그런 편이어서 이런 격한 감정에는 낯선 데가 없지 않았습니다. 그럼에도 이 책을 처음 받아 읽을 때 "생때같은"이라는 말을 해야 하는 상황들, 지난 십여 년간 우리 사회 전체가 함께 겪어야 했던 그 상황들이 저절로 겹쳤습니다. 신나게 집을 나선 아이들이 돌아오지 않는다고 전화를 하고 낯선 연락을 받은 가족들이 겪었을 시간이 이런 것이었겠지요.

인용된 단락에서 말하는 다정함(물리적으로 느낄 수 있는 다정함이라고, 따뜻함이라고 해도 괜찮겠다.), 그리고 공동체의 연대가 누구에게나 조금이라도 나누어지면 좋겠습니다.

개인적으로는 이 책을 처음 번역하고 원고를 다시 읽은 기간이 곧 가까운 친척 한 분이 죽음을 준비하는 기간이었습니다. 점진적 악화 외에 달라질 게 없는 희귀질환이 일상을 지배한 일

년, 점차로 끝을 향해 가는 마지막 시기를 함께하며 이 책을 샅샅이 읽은 것은 우리가 하고 싶은 말을 책이 해 주는 고마운 경험이 되었습니다.

바다에서 비명을 질러야 했던, 없는 이의 온기를 아직 느끼는, 상복과 리본을 내려놓을 수 없는 많은 이와 이 책을 나눕니다.

2025년 위령의 날(11월 2일)

옮긴이 안미란

인용문들에 대한 설명

9쪽_____릴케의 인용문은 『두이노의 비가』 중 「제10 비가」의 일부로 독일어에서 토르킬 비외른비가 번역한 것이다.(Usat på hjertets bjerge, 2009) 한국어 번역에는 Projekt Gutenberg의 독일어 원문을 사용했다.(https://www.projekt—gutenberg.org/rilke/elegien/zehnte.html)

28~29쪽_____월트 휘트먼의 인용문은 「나 자신의 노래」의 일부다. 프레데릭 시베르가 덴마크어로 번역했다.(Walt Whitman Digte, Gyldendal, 1933) 한국어 번역에는 영문 번역에서 인용한 영문 텍스트를 원문으로 택했다.(Walt Whitman, *Leaves of Grass: The 'Death-bed' edition*, The Modern Library, 1993)

34쪽_____"나는 총알이 장전되어 있다 아무도 물렁물렁한 허접쓰레기를 가지고 나한테 가까이 오지 마"라는 문장은 작가 우르술라 안키에르 올센의 시집 『떠나가는 배』에 담긴 문장을 작가가 바꾸어 표현한 것이다.(Ursula Andkjær Olsen, *Udgående Fartøj*, Gyldendal, 2015)

113쪽_____월트 휘트먼의 시 「라일락이 앞마당에 마지막 피었을 때」는 뵈르게 호우만이 덴마크어로 번역했다.(Walt Whitman, *Sangen om mig selv og andre digte i udvalg*, Woels Forlag, 1929) 한국어 번역에는 영

문 번역에서 인용한 영문 텍스트를 원문으로 택했다.(Walt Whitman, *Leaves of Grass: The 'Death-bed' edition*, The Modern Library, 1993)

36, 42, 45~46, 49, 52~53, 86~87, 136, 150쪽_____에 실린 스테판 말라르메의 『아나톨의 무덤』 인용문은 마르틴 라르센이 프랑스어에서 덴마크어로 옮겼다. 한국어 번역에는 패트릭 맥기네스의 프랑스어-영어 대역본을 참고했다.(Stépahe Mallarmé, *For Anatole's Tomb*, FyfieldBooks, 2003)

37, 74~76, 81, 101, 121~122, 132~133, 135~136쪽_____자크 루보의 인용문은 마르틴 라르센이 프랑스어에서 덴마크어로 옮겼다.(Jacque Roubaud, *Noget sort*, Basilisk, 2006)

44, 85~86, 98쪽_____앤 카슨의 『녹스』 인용문은 페터 호이루프, 마르틴 라르센, 파이크 말리놉스키가 영어에서 덴마크어로 옮겼다.(Anne Carsons, *Nox*, Basilisk, 2012) 한국어 번역에는 영문 번역에서 인용한 영문 텍스트를 원문으로 택했다.(New Directions, 2009)

48쪽_____플라톤의 『파이돈』은 고대 그리스어에서 닐스 헤닝센이 덴마크어로 옮겼다.(Den lille forlag, 2001)

51, 59쪽_____에밀리 디킨슨의 인용문은 피아 율이 덴마크어로 번역했다. 한국어 번역에는 영문 번역에서 인용한 영문 텍스트를 원문으로 택했다.(Emily Dickenson, *The Gorgeous Nothings*, New Directions, 2013)

54~55쪽＿＿＿얀 코하노프스키의 「애가 10」은 유디타 프라이스와 예르겐 에흐만 몬라드가 폴란드어에서 덴마크어로 번역했다.(Jan Kochanowski, *Dzieła polskie*, Panstowowy Instytut Wydawniczy, 1980)

55, 132쪽＿＿＿시들은 잉에르 크리스텐센의 『나비 골짜기』에서 인용했다.(Inger Christensen, *Sommerfugledalen*, Brøndum, 1991)

61~62, 69쪽＿＿＿C. S. 루이스의 인용문은 레네 모트가 덴마크어로 번역했다.(C. S. Lewis, *En sorgens dagbog*, Forlaget Scandinavia, 1983) 한국어 번역에는 영문 번역에서 인용한 영문 텍스트를 원문으로 택했다.(*A Grief Observed*, HarperCollins, 1994) 『헤아려 본 슬픔』은 한국어로 출판될 때의 제목이다.(전경자 역, 성바오로 출판사, 1999)
A Grief Observed by CS Lewis © copyright 1961 CS Lewis Pte Ltd Extract used with permission.

66쪽＿＿＿의 아우스디스 시프 귄나르스도흐티르의 시는 피아 율이 영어에서 덴마크어로 번역했다. 한국어 번역에는 영문 번역에서 인용한 영문 텍스트를 원문으로 택했다.

82쪽＿＿＿한스 크리스티안 안데르센의 「어머니 이야기」는 쿨렌달 출판사의 안데르센 전집 1권에서 인용했다.(Hans Christian Andersen, *Eventyr og historier I*, Gyldendal, 2003)

90~92, 112~113쪽＿＿＿길가메시의 서사시는 오게 베스테르홀츠와 울라 수산네 코흐가 아카드어에서 번역했다.(*Gilgamesh-Enuma Elish*, Forlaget Univers, 2015).

102, 109, 127, 149쪽_____데니스 라일리의 글은 피아 율이 영어에서 번역했다.(Denise Riley, *Time Lived, Without its Flow*, Capsule Editions, 2012)

129쪽_____명판의 글은 닐스 그로툼 쇠렌센이 고대 그리스어에서 덴마크어로 번역했다.

사전의 항목들은 *Ordbog over det danske sprog*, *Store medisinske leksikon*, *Den store danske encyklopædi*, 위키 백과에서 인용한 것들을 번역하거나 *Oxford English Dictionary*, *Webster's New World Dictionary*, *Merriam-Webster Dictionary*와 한국어 참고 문헌을 참고했다.

사용 허가 문의를 드렸으나 저작권자에게 회신을 받지 못한 인용문에 대해서는 추후 연락을 주시면 관례에 따른 합당한 사용료를 지불하겠습니다.

옮긴이   안미란

서울대학교 국어교육과와 독일 킬 대학교 언어학과에서 박사 학위를 받았다. 현재 주한 독일 문화원에서 근무하고 있다. 옮긴 책으로 『전략적 공부기술』, 『오래 슬퍼하지 마』, 『쓰기 교수법』, 『외국어 학습 연구 방법론』, 토베 얀손의 『여름의 책』, 『페어 플레이』, 『정직한 사기꾼』, 사라 스트리스베리의 『우리는 공원에 간다』, 톤 텔레헨의 『해야 한다』, 나야 마리 아이트의 『어두움의 연습』 등이 있다.

죽음이 너에게서 무언가를 앗아갔다면

1판 1쇄 찍음 2025년 11월 21일
1판 1쇄 펴냄 2025년 11월 28일

지은이   나야 마리 아이트
옮긴이   안미란
발행인   박근섭, 박상준
펴낸곳   ㈜민음사

출판등록   1966. 5. 19. (제 16-490호)
         서울특별시 강남구 도산대로1길 62(신사동)
         강남출판문화센터 5층 (우편번호 06027)
대표전화   02-515-2000
팩시밀리   02-515-2007
         www.minumsa.com

한국어 판 ⓒ ㈜민음사, 2025. Printed in Seoul, Korea
         978-89-374-4631-3 03850

잘못 만들어진 책은 구입처에서 교환해 드립니다.